Goutte à goutte

Pratique de la prononciation pour débutants

Marcela DVOŘÁKOVÁ -Meidinger
Rodolphe MEIDINGER
Eun-Mee RHEE

Shinasa

Les autheurs :

Marcela DVOŘÁKOVÁ -Meidinger :
Enseignante FLE à l'Université Nationale de Chungbuk
marcela.meidinger@gmail.com

Rodolphe MEIDINGER :
Enseignant FLE à l'Université Nationale de Chungbuk
rodolphe.meidinger@gmail.com

Eun-Mee RHEE :
Professeure à l'Université Nationale de Chungbuk
rhee99kr@chungbuk.ac.kr

Imprimé en Corée du Sud par **SHINASA**,
4, Tongil-ro 59-gil, Eunpyeong-gu, Seoul, Korea
Inscription publiée : 9-52/05 janvier 1956
Tél : 82-(0)2-382-6411
Fax : 82-(0)2-382-6401
E-mail : shinasa@daum.net
Homepage : www.shinasa.co.kr
Premier tirage : février 2017

Prix : ₩ 15000
ISBN : 978-89-8396-989-7 (93760)

Cette méthode de prononciation du français pour débutant comprend :

- **ce présent manuel à destination des apprenants,**
- **un dossier audio pour toutes les activités sonores proposées,**
- **un dossier vidéo pour le positionnement de la bouche dans les articulations des phonèmes**
- **un cahier des solutions de toutes les activités proposées.**

Les dossiers audio et vidéo, ainsi que le cahier des solutions (version PDF) sont **offerts gratuitement en téléchargement** sur le site Internet de l'éditeur.

Remerciements :
A tous les étudiants français, qui, dans le cadre de leur stage de master FLE à CBNU, ont prêté leur voix pour les enregistrements audio : Anthony Correia, Benjamin Messy, Marion Naga, Boris Labianca, Jessy Escande, Mégane Bouniol, Lionel Breugnon et Estelle Banc.
A nos étudiantes Daë Jeong et Seoyeong Kim, Suhee Kim, Minjeong Hong et Seoyeon Kim pour leur aimable participation.
A Romy Vittorelli pour l'enregistrement de l'activité 20 de l'unité 5.
A tous nos amis et nos familles qui nous ont aidés pour les photos et pour les enregistrements audio.

Crédits photographiques :
Marcela Dvořáková-Meidinger : pour toutes les photos à l'exception de celles de :
Association Rempart (www.rempart.com)
Internet photos libres de droit (www.fr.wikipedia.org) : pour les photos des poètes en début de chaque unité.

Arrangements de tous les enregistrements audio :
Rodolphe Meidinger

Avant-propos

Chers enseignants,

Le manuel *Goutte à goutte – Pratique de la prononciation pour débutants* s'adresse à des apprenants asiatiques adultes, en particulier aux étudiants des universités coréennes, qui débutent leur apprentissage de la langue française. Les activités de ce livre couvrent 40 heures d'enseignement, 4 heures par unité. Ce livre a été conçu pour compléter le manuel de communication *Goutte à goutte, Tome 1*, (Shinasa, 2014), les contenus lexicaux et grammaticaux des dix unités présentés ici correspondent aux dix leçons du manuel de communication. De ce fait, si les deux cours sont enseignés simultanément, les apprentissages, tant linguistiques que phonétiques, se renforceront l'un l'autre, facilitant ainsi la progression des acquisitions.

Ce manuel se présente sous la forme d'un cahier de travail riche d'une multitude d'activités ludiques à compléter, à cocher et à colorier. La démarche proposée demande, de la part de l'apprenant, une participation active à tous les moments de sa formation. Les activités variées, à la fois instructives et amusantes, invitent à découvrir la prononciation du français progressivement et activement. De plus, l'utilisation systématique des couleurs permet de visualiser les phonèmes et les règles de prononciation, ceci afin de fixer plus facilement les acquis.

Au fil des leçons, des activités, des textes et des dialogues, les personnages de Lucie et Eric, à travers une trame en filigrane, rendent les contenus de ce manuel vivants et captivants. Les enregistrements de toutes les activités ont été réalisés avec des voix riches et variées. Et ils ont été travaillés pour faciliter les apprentissages de diction et de prosodie. En complément, nous avons réalisé des vidéos explicatives sur l'articulation de tous les phonèmes abordés.

L'entraînement à la prononciation de ce manuel est organisé sur trois composants : les phonèmes, l'orthographe phonétique et la prosodie. Les phonèmes sont abordés par groupes de trois ou quatre dans chaque unité, les apprenants sont invités à les écouter, les articuler, les répéter, les repérer et les différencier. Pour chaque phonème, la recherche de la graphie permet aux apprenants de découvrir les règles de l'orthographe phonétique, puis de les appliquer dans différentes activités ludiques (textes lacunaires, mots croisés, lettres mêlées, jeu du pendu, etc.).

La prosodie, dont l'entraînement est indispensable, occupe, évidemment, une place centrale dans ce manuel. Le rythme, l'accent, l'intonation, les liaisons et les enchaînements sont donc abordés à travers des activités d'écoute, d'analyse et de répétition.

L'objectif final de tout ce travail est évidemment de préparer les apprenants à communiquer en français dans une élocution la plus fluide et la plus naturelle qui soit.

Enfin, à la fin de cet ouvrage, vous trouverez la liste des phonèmes du français, ainsi que quelques annotations théoriques et une bibliographie. Et puis, afin de faciliter le travail des enseignants, un livret des solutions, avec les réponses de toutes les activités, est téléchargeable sur le site internet de l'éditeur.

Vous verrez qu'avec la pratique de ce manuel, vos cours de prononciation seront vivants et amusants.

Conception d'une unité type

Ce manuel est composé de 10 unités, chacune couvrant 10 pages.

Structure de la leçon type :

- Je découvre les sons (1 page)
- J'articule les sons (1 page)
- J'écoute les sons (1 page)
- J'écris les sons (2 pages)
- Je découvre le rythme et la mélodie (3 pages)
- Je joue avec la langue (1 pages)
- Je communique (1 page)

La première page « **Je découvre les sons** » est une invitation à découvrir un groupe de phonèmes à travers un extrait d'un poème classique mis en chanson par un chanteur contemporain. Une vidéo et quelques photographies montrent l'articulation de ces phonèmes.

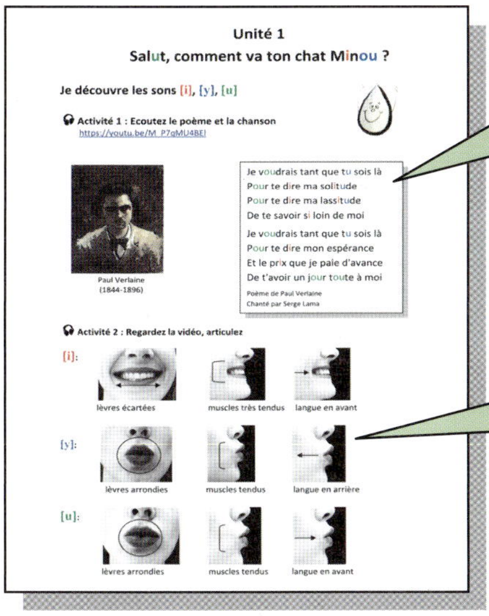

Unité 1

Salut, comment va ton chat Minou ?

Je découvre les sons [i], [y], [u]

Activité 1 : Ecoutez le poème et la chanson
https://youtu.be/M_P7qMU4BEI

Paul Verlaine (1844-1896)

Je voudrais tant que tu sois là
Pour te dire ma solitude
Pour te dire ma lassitude
De te savoir si loin de moi
Je voudrais tant que tu sois là
Pour te dire mon espérance
Et le prix que je paie d'avance
De t'avoir un jour toute à moi

Poème de Paul Verlaine
Chanté par Serge Lama

Activité 2 : Regardez la vidéo, articulez

[i]: lèvres écartées / muscles très tendus / langue en avant

[y]: lèvres arrondies / muscles tendus / langue en arrière

[u]: lèvres arrondies / muscles tendus / langue en avant

La seconde page « **Je prononce les sons** » invite les apprenants à écouter et répéter les phonèmes en opposition à partir de paires minimales, de groupes de mots et de phrases courtes. Quelques vire-langues complètent, sous la forme d'un moment de détente active, ces exercices.d'articulation.

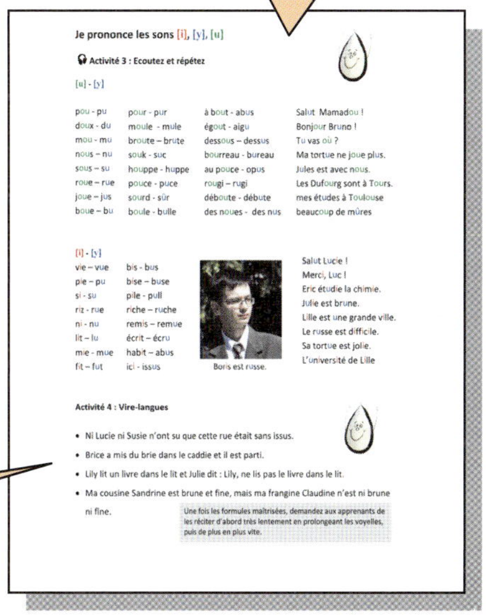

Je prononce les sons [i], [y], [u]

Activité 3 : Ecoutez et répétez

[u] - [y]

pou - pu	pour - pur	à bout - abus	Salut Mamadou !
doux - du	moule - mule	égout - aigu	Bonjour Bruno !
mou - mu	broute – brute	dessous – dessus	Tu vas où ?
nous – nu	souk - suc	bourreau - bureau	Ma tortue ne joue plus.
sous – su	houppe - huppe	au pouce - opus	Jules est avec nous.
roue – rue	pouce - puce	rougi – rugi	Les Dufourg sont à Tours.
joue – jus	sourd - sûr	déboute - débute	mes études à Toulouse
boue – bu	boule - bulle	des noues - des nus	beaucoup de mûres

[i] - [y]

vie – vue	bis - bus	Salut Lucie !
pie – pu	bise – buse	Merci, Luc !
si - su	pile - pull	Eric étudie la chimie.
riz - rue	riche – ruche	Julie est brune.
ni - nu	remis – remue	Lille est une grande ville.
lit – lu	écrit – écru	Le russe est difficile.
mie - mue	habit – abus	Sa tortue est jolie.
fit – fut	ici - issus	L'université de Lille

Boris est russe.

Activité 4 : Vire-langues

- Ni Lucie ni Susie n'ont su que cette rue était sans issus.
- Brice a mis du brie dans le caddie et il est parti.
- Lily lit un livre dans le lit et Julie dit : Lily, ne lis pas le livre dans le lit.
- Ma cousine Sandrine est brune et fine, mais ma frangine Claudine n'est ni brune ni fine.

Une fois les formules maîtrisées, demandez aux apprenants de les réciter d'abord très lentement en prolongeant les voyelles, puis de plus en plus vite.

La troisième page « **J'écoute les sons** » est consacrée à quelques exercices de discrimination auditive. Les apprenants sont invités à écouter des séries de mots ou groupes de mots et à cocher selon ce qu'ils entendent.

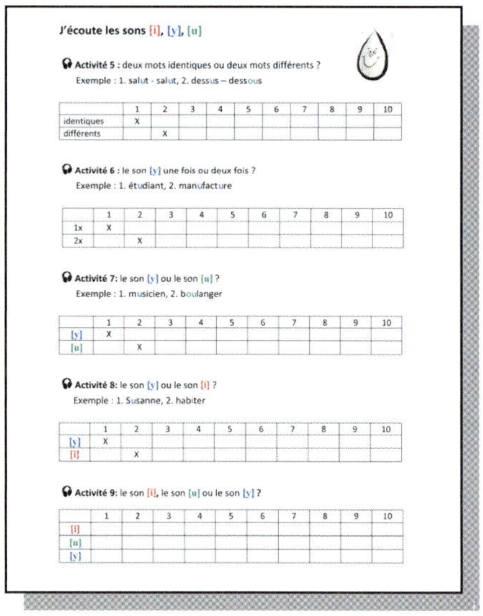
J'écoute les sons [i], [y], [u]

Activité 5 : deux mots identiques ou deux mots différents ?
Exemple : 1. salut - salut, 2. dessus – dessous

	1	2	3	4	5	6	7	8	9	10
identiques	X									
différents		X								

Activité 6 : le son [y] une fois ou deux fois ?
Exemple : 1. étudiant, 2. manufacture

	1	2	3	4	5	6	7	8	9	10
1x	X									
2x		X								

Activité 7: le son [y] ou le son [u] ?
Exemple : 1. musicien, 2. boulanger

	1	2	3	4	5	6	7	8	9	10
[y]	X									
[u]		X								

Activité 8: le son [y] ou le son [i] ?
Exemple : 1. Susanne, 2. habiter

	1	2	3	4	5	6	7	8	9	10
[y]	X									
[i]		X								

Activité 9: le son [i], le son [u] ou le son [y] ?

	1	2	3	4	5	6	7	8	9	10
[i]										
[u]										
[y]										

La double page suivante « **J'écris les sons** » présente d'abord un court texte, dans lequel les apprenants repèrent les phonèmes en question, puis en déduisent l'orthographe qui correspond à ces sons. Ensuite, quelques activités d'orthographe phonétiques, souvent ludiques, sont proposées.

Activités d'orthographe phonétique (dictée lacunaire, lettres mêlées, jeu du pendu, mots croisés, etc.)

Repérer et colorier les phonèmes dans un court texte

Relation phonie-graphie, compléter

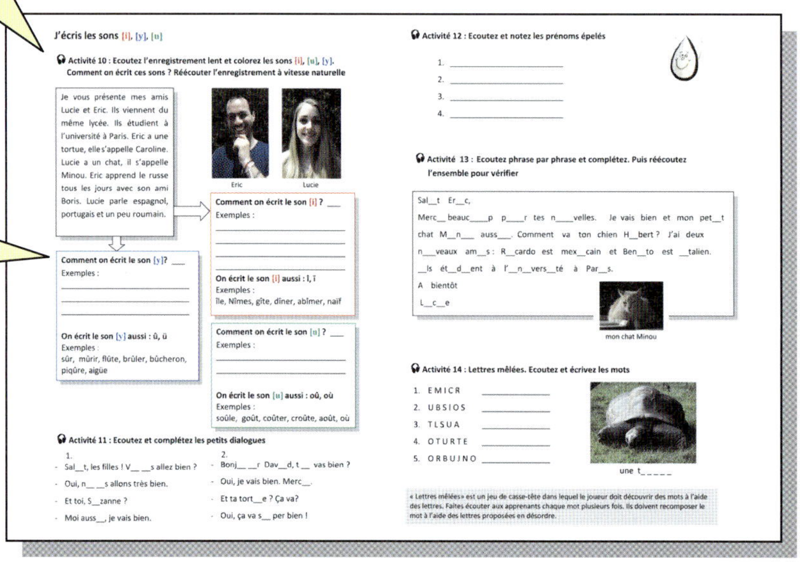
J'écris les sons [i], [y], [u]

Activité 10 : Ecoutez l'enregistrement lent et colorez les sons [i], [u], [y].
Comment on écrit ces sons ? Réécouter l'enregistrement à vitesse naturelle

Je vous présente mes amis Lucie et Eric. Ils viennent du même lycée. Ils étudient à l'université à Paris. Eric a une tortue, elle s'appelle Caroline. Lucie a un chat, il s'appelle Minou. Eric apprend le russe tous les jours avec son ami Boris. Lucie parle espagnol, portugais et un peu roumain.

Eric
Lucie

Comment on écrit le son [i] ? ___
Exemples :
On écrit le son [i] aussi : î, ï
Exemples :
île, Nîmes, gîte, dîner, abîmer, naïf

Comment on écrit le son [y]? ___
Exemples :
On écrit le son [y] aussi : û, ü
Exemples :
sûr, mûrir, flûte, brûler, bûcheron, piqûre, aigüe

Comment on écrit le son [u] ? ___
Exemples :
On écrit le son [u] aussi : oû, où
Exemples :
soûle, goût, coûter, croûte, août, où

Activité 11 : Ecoutez et complétez les petits dialogues

1.
- Sal__t, les filles ! V__ __s allez bien ?
- Oui, n__ __s allons très bien.
- Et toi, S__zanne ?
- Moi auss__, je vais bien.

2.
- Bonj__ __r Dav__d, t__ vas bien ?
- Oui, je vais bien. Merc__.
- Et ta tort__e ? Ça va?
- Oui, ça va s__ per bien !

Activité 12 : Ecoutez et notez les prénoms épelés

1. ______
2. ______
3. ______
4. ______

Activité 13 : Ecoutez phrase par phrase et complétez. Puis réécoutez l'ensemble pour vérifier

Sal__t Er__c,
Merc__ beauc____p p____r tes n____velles. Je vais bien et mon pet__t chat M__n___ auss___. Comment va ton chien H__bert ? J'ai deux n___veaux am__s : R__cardo est mex__cain et Ben__to est __talien. __ls ét__d__ent à l'__n__vers__té à Par__s.
A bientôt
L__c__e

mon chat Minou

Activité 14 : Lettres mêlées. Ecoutez et écrivez les mots

1. EMICR ______
2. UBSIOS ______
3. TLSUA ______
4. OTURTE ______
5. ORBUJNO ______

une t_ _ _ _ _

« Lettres mêlées» est un jeu de casse-tête dans lequel le joueur doit découvrir des mots à l'aide des lettres. Faites écouter aux apprenants chaque mot plusieurs fois. Ils doivent recomposer le mot à l'aide des lettres proposées en désordre.

Dans la partie « **Je découvre le rythme et la mélodie** » qui couvre 3 pages, des activités d'entraînement à la prosodie sont proposées : diviser une phrase en syllabes, repérer les groupes rythmiques, trouver les syllabes accentuées (accent rythmique, accent d'insistance), dessiner les courbes d'intonation, repérer les liaisons et les enchaînements, les lettres finales prononcées et non prononcées.

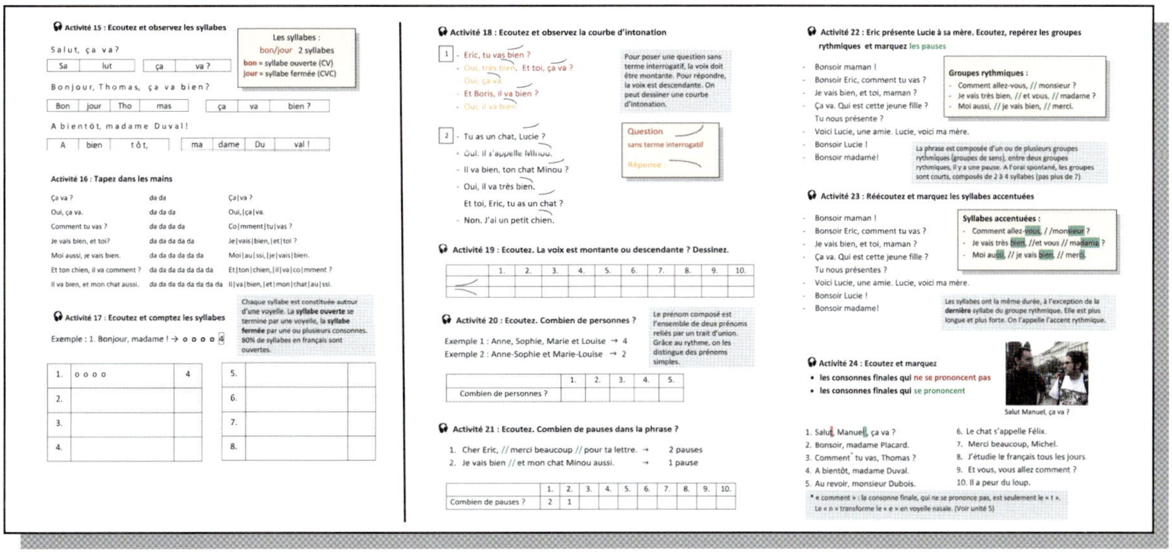

La page suivante, « **Je joue avec la langue** », est ludique. Les apprenants y prennent plaisir à chanter et à jouer à des jeux divers : boule de neige, labyrinthe, mots cachés, allographe, marabout syllabique, mots coupés, lettres mêlées, pendu. Certaines unités proposent aussi des petits dialogues amusants.

Ecouter et chanter une comptine, une chanson traditionnelle

jeux divers

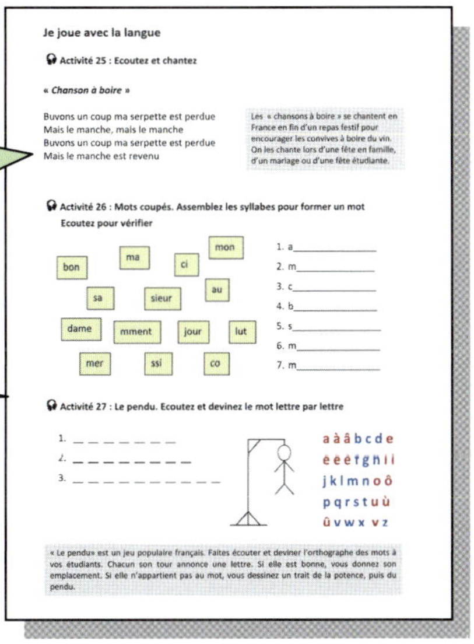

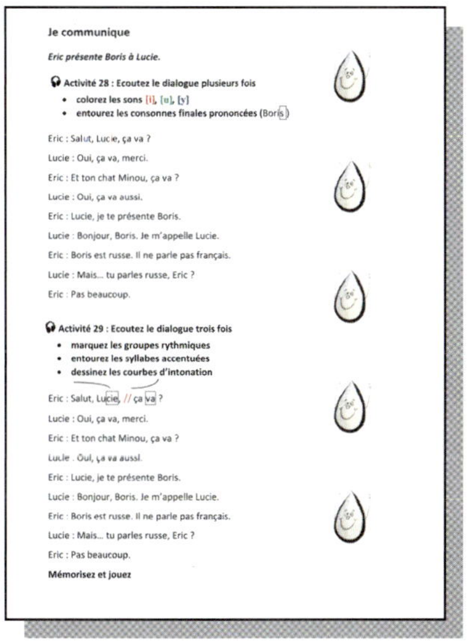

Le dialogue de la dernière page, « **Je communique** », marque l'achèvement de la leçon. Les apprenants sont invités à l'analyser, à le mémoriser et à le jouer.

Table des contenus :

Unité 0 : Ça va ? 10
Le son [a]

Unité1 : Salut, comment va ton chat Minou ? 12
Les sons [i], [y], [u]
La prosodie : syllabes en français, courbes d'intonation (question, réponse), groupes rythmiques, syllabes accentuées, consonnes finales

Unité 2 : Moi, je suis italien 22
Les sons [w], [j], [ɥ]
La prosodie : liaisons et syllabes, consonnes finales, « e » final, groupes rythmiques et syllabes accentuées, courbes d'intonation (question avec terme interrogatif), intonation et groupes rythmiques

Unité 3 : Je connais Céline 32
Les sons [E] ([e]+[ɛ]), [ə]
La prosodie : longueur des syllabes, enchaînements vocaliques et consonantiques, accent d'insistance, consonnes finales de l'adjectif au féminin, « e » caduc

Unité 4 : Ce jeune avocat a trente-deux ans 42
Les sons [O] ([o]+[ɔ]), [Œ] ([ø]+[œ])
La prosodie : liaisons et enchaînements, groupes rythmiques et syllabe accentuées, consonnes finales ; « e » final non prononcé, courbes d'intonation dans un dialogue, modalités d'intonation, sons dans la liaison, accent d'insistance

Unité 5 : Mon cousin a trois enfants 52
Les sons [ɑ̃], [Ẽ]([ɛ̃]+[œ̃]), [ɔ̃]
La prosodie : intonation (numéro de téléphone), liaisons et enchaînements, groupes rythmiques, mots accentués – non accentués, syllabes accentuées, courbes d'intonation, « s » du pluriel, « s » prononcé grâce à la liaison, accent d'insistance

Unité 6 : Ma fille est petite aux cheveux bruns 62
Les sons [v], [f], [b], [p]
La prosodie : accent d'insistance, terminaison des adjectifs féminin/masculin, groupes rythmiques, courbes d'intonation, « s » final et liaison, ton – expression d'un sentiment, accent rythmique, liaisons et enchaînements, consonnes finales

Unité 7 : J'écoute de la musique classique, j'aime chanter 72
Les sons [s], [z], [ʒ], [ʃ]
La prosodie : groupes rythmiques, accents rythmiques, courbes d'intonation, enchaînements vocaliques et consonantiques, syllabes, accent d'insistance,
rythme débit lent/débit rapide

Unité 8 : Ton taxi attend à côté de la gare 82
Les sons [k], [g], [ks]
La prosodie : liaisons, enchaînements vocaliques et consonantiques, syllabes, groupes rythmiques, accents rythmiques, courbes de lecture et d'intonation, accent d'insistance

Unité 9 : Rendez-vous lundi à huit heures du matin 92
Les sons [m], [n], [ɲ]
La prosodie : « e » prononcé/non prononcé, « r » final, consonnes finales prononcées, groupes rythmiques, syllabes accentuées, ton – expression d'un sentiment

Unité 10 : Je mange du canard, je bois du champagne 102
Les sons [l], [ʀ],[t], [d]
La prosodie : groupes rythmiques, les accents rythmiques et les courbes de lecture, syllabes accentuées dans l'impératif, liaisons, enchaînements – syllabes, intonation et syllabes, accent d'insistance

L'alphabet français 112
Les sons rançais 113
Voyelles orales, voyelles nasales, semi-voyelles, consonnes

Quelques réflexions sur l'enseignement de la prononciation d'une langue étrangère 114

Bibliographie 118

Unité 0

Ça va ?

Je découvre le son [a]

Activité 1 : Ecoutez le poème et la chanson

https://youtu.be/VvIIoNmTidM

Charles Baudelaire
(1821 – 1867)

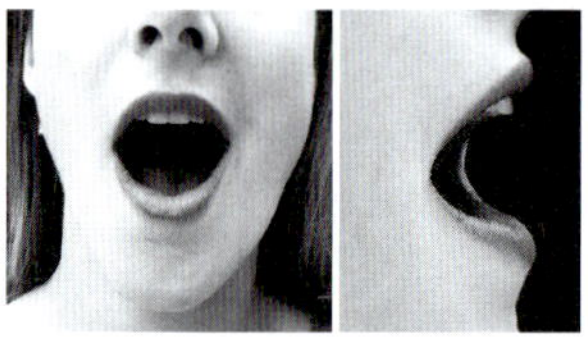

La vie antérieure

J'ai longtemps habité sous de vastes portiques
Que les soleils marins teignaient de mille feux,
Et que leurs grands piliers, droits et majestueux,
Rendaient pareils, le soir, aux grottes basaltiques.

Les houles, en roulant les images des cieux,
Mêlaient d'une façon solennelle et mystique
Les tout-puissants accords de leur riche musique
Aux couleurs du couchant reflété par mes yeux.

Chanté par Léo Ferré

J'écoute le son [a]

Activité 2 : J'entends le son [a]/ Je n'entends pas le son [a]

Exemple : 1. chocolat, 2. bonjour

	1.	2.	3.	4.	5.	6.	7.	8.	9.	10.
J'entends	X									
Je n'entends pas		X								

Activité 3 : Combien de sons [a] ?

Exemple : 1. Paris, 2. salade

	1.	2.	3.	4.	5.	6.	7.	8.	9.	10.
[a]	X									
[a] [a]		X								

J'écris le son [a]

Activité 4 : Ecoutez et colorez le son [a]

A Paris, le 3 mars

Salut Lucie,

Merci pour ta lettre ! Comment tu vas ? Et ton chat Minou, il va bien ? Moi, ça va très bien et ma tortue Caroline aussi.

Bisous

Eric

Comment on écrit le son [a] ? ___

Exemples :

____

____

____

Activité 5 : Ecoutez et complétez

A ___lger, le 3 m___rs

S___lut ___ziz,

Merci pour t___ lettre ! Tu v___s bien? Et ton ___mie Angéla, ç___ v___ ? Ici, à ___lger, tout v___ bien.

Gros bisous

Tes p___rents

Je découvre le rythme et la mélodie

Activité 6 : Ecoutez et répétez

1.
- Bonjour Aziz, ça va ?
- Oui, ça va, et toi, Eric ?
- Moi aussi, ça va.

2.
- Salut, Lucie, ça va bien ?
- Oui, très bien. Et toi, ça va ?
- Bien. Merci.

3.
- Vous allez bien, les filles ?
- Oui, nous allons très bien, merci.

4.
- Comment allez-vous, madame ?
- Je vais bien. Et vous ?
- Moi aussi, je vais bien.

Unité 1

Salut, comment va ton chat Minou ?

Je découvre les sons [i], [y], [u]

Activité 1 : Ecoutez le poème et la chanson
https://youtu.be/M_P7qMU4BEI

Paul Verlaine
(1844-1896)

Je voudrais tant que tu sois là
Pour te dire ma solitude
Pour te dire ma lassitude
De te savoir si loin de moi

Je voudrais tant que tu sois là
Pour te dire mon espérance
Et le prix que je paie d'avance
De t'avoir un jour toute à moi

Poème de Paul Verlaine
Chanté par Serge Lama

Activité 2 : Regardez la vidéo, articulez

[i]:

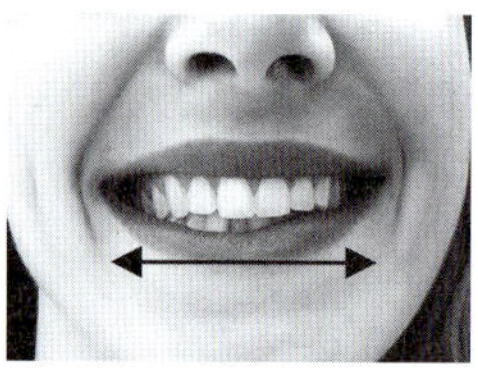

lèvres écartées

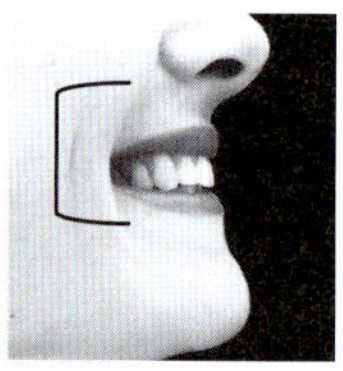

muscles très tendus

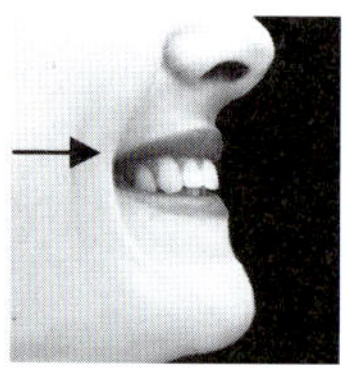

langue en avant

[y]:

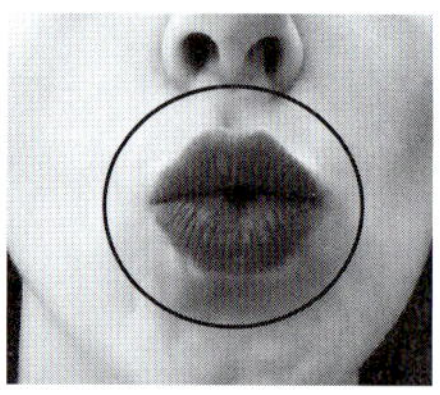

lèvres arrondies

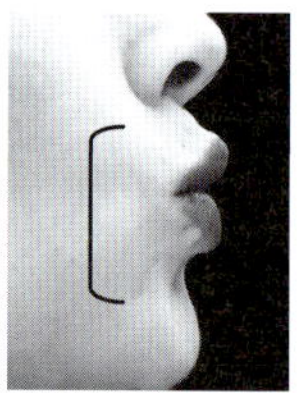

muscles tendus

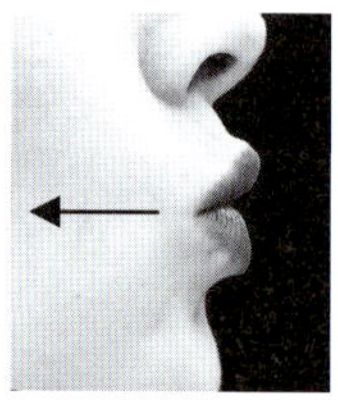

langue en arrière

[u]:

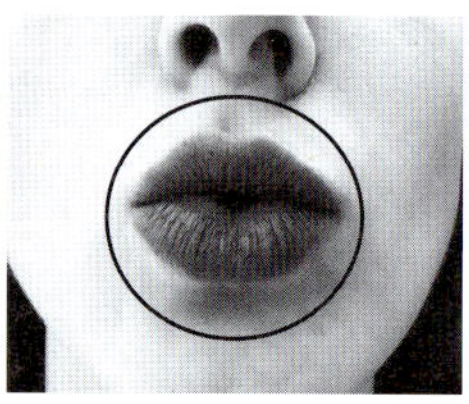

lèvres arrondies

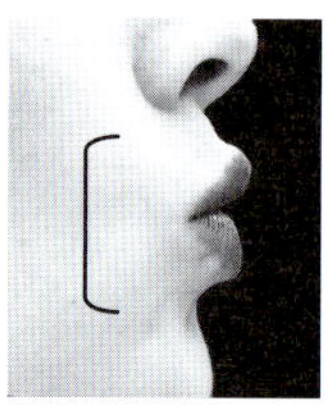

muscles tendus

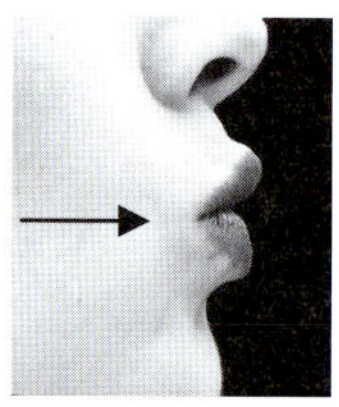

langue en avant

Je prononce les sons [i], [y], [u]

Activité 3 : Ecoutez et répétez

[u] – [y]

pou – pu	pour – pur	à bout – abus	Salut Mamadou !
doux – du	moule – mule	égout – aigu	Bonjour Bruno !
mou – mu	broute – brute	dessous – dessus	Tu vas où ?
nous – nu	souk – suc	bourreau – bureau	Ma tortue ne joue plus.
sous – su	houppe – huppe	au pouce – opus	Jules est avec nous.
roue – rue	pouce – puce	rougi – rugi	Les Dufourg sont à Tours.
joue – jus	sourd – sûr	déboute – débute	Mes études à Toulouse
boue – bu	boule – bulle	des noues – des nus	Beaucoup de mûres

[i] – [y]

vie – vue	bis – bus	Salut Lucie !
pie – pu	bise – buse	Merci, Luc !
si – su	pile – pull	Eric étudie la chimie.
riz – rue	riche – ruche	Julie est brune.
ni – nu	remis – remue	Lille est une grande ville.
lit – lu	écrit – écru	Le russe est difficile.
mie – mue	habit – abus	Sa tortue est jolie.
fit – fut	ici – issus	L'université de Lille.

Boris est russe.

Activité 4 : Vire-langues

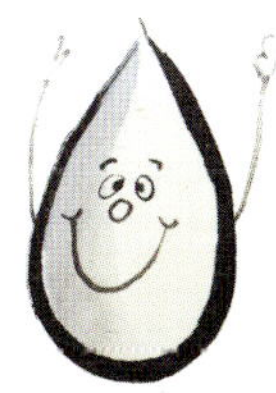

- Ni Lucie ni Susie n'ont su que cette rue était sans issue.
- Brice a mis du brie dans le caddie et il est parti.
- Lily lit un livre dans le lit et Julie dit : Lily, ne lis pas le livre dans le lit.
- Ma cousine Sandrine est brune et fine, mais ma frangine Claudine n'est ni brune ni fine.

> Une fois les formules maîtrisées, demandez aux apprenants de les réciter d'abord très lentement en prolongeant les voyelles, puis de plus en plus vite.

J'écoute les sons [i], [y], [u]

Activité 5 : deux mots identiques ou deux mots différents ?

Exemple : 1. salut – salut, 2. dessus – dessous

	1	2	3	4	5	6	7	8	9	10
identiques	X									
différents		X								

Activité 6 : le son [y] une fois ou deux fois ?

Exemple : 1. étudiant, 2. manufacture

	1	2	3	4	5	6	7	8	9	10
1x	X									
2x		X								

Activité 7 : le son [y] ou le son [u]?

Exemple : 1. musicien, 2. boulanger

	1	2	3	4	5	6	7	8	9	10
[y]	X									
[u]		X								

Activité 8 : le son [y] ou le son [i]?

Exemple : 1. Susanne, 2. habiter

	1	2	3	4	5	6	7	8	9	10
[y]	X									
[i]		X								

Activité 9 : le son [i], le son [u] ou le son [y] ?

	1	2	3	4	5	6	7	8	9	10
[i]										
[u]										
[y]										

J'écris les sons [i], [y], [u]

Activité 10 : Ecoutez l'enregistrement lent et colorez les sons [i], [u], [y]. Comment on écrit ces sons ? Réécoutez l'enregistrement à vitesse naturelle

Je vous présente mes amis Lucie et Eric. Ils viennent du même lycée. Ils étudient à l'université à Paris. Eric a une tortue, elle s'appelle Caroline. Lucie a un chat, il s'appelle Minou. Eric apprend le russe tous les jours avec son ami Boris. Lucie parle espagnol, portugais et un peu roumain.

Eric

Lucie

Comment on écrit le son [i] ? ___

Exemples :

____

____

____

____

On écrit le son [i] aussi : î, ï

Exemples :

île, Nîmes, gîte, dîner, abîmer, naïf

Comment on écrit le son [y] ? ___

Exemples :

____

____

____

On écrit le son [y] aussi : û, ü

Exemples :

sûr, mûrir, flûte, brûler, bûcheron, piqûre, aigüe

Comment on écrit le son [u] ? ___

Exemples :

____

____

On écrit le son [u] aussi : oû, où

Exemples :

soûle, goût, coûter, croûte, août, où

Activité 11 : Ecoutez et complétez les petits dialogues

1.

- Sal__t les filles ! V__ __s allez bien ?
- Oui, n__ __s allons très bien.
- Et toi, S__zanne ?
- Moi auss__, je vais bien.

2.

- Bonj__ __r Dav__d, t __ vas bien ?
- Oui, je vais bien. Merc__.
- Et ta tort__e ? Ça va?
- Oui, ça va s__per bien !

Activité 12 : Ecoutez et notez les prénoms épelés

1. ____________________
2. ____________________
3. ____________________
4. ____________________

Activité 13 : Ecoutez phrase par phrase et complétez. Puis réécoutez l'ensemble pour vérifier

Sal__t Er__c,

Merc__ beauc____p p____r tes n____velles. Je vais bien et mon pet__t chat M__n____ auss___. Comment va ton chien H__bert ? J'ai deux n___veaux am__s : R__cardo est mex__cain et Ben__to est __talien. __ls ét__d__ent à l'__n__vers__té à Par__s.

A bientôt

L__c__e

mon chat Minou

Activité 14 : Lettres mêlées. Ecoutez et écrivez les mots

1. E M I C R ____________
2. U B S I O S ____________
3. T L S U A ____________
4. O T U R T E ____________
5. O R B U J N O ____________

une t_ _ _ _ _

« Lettres mêlées» est un jeu de casse-tête dans lequel le joueur doit découvrir des mots à l'aide des lettres. Faites écouter aux apprenants chaque mot plusieurs fois. Ils doivent recomposer le mot à l'aide des lettres proposées en désordre.

Je découvre le rythme et la mélodie

Activité 15 : Ecoutez et observez les syllabes

> Les syllabes :
> bon/jour 2 syllabes
> **bon** = syllabe ouverte (CV)
> **jour** = syllabe fermée (CVC)

S a l u t, ç a v a ?

Sa	Lut

ça	va ?

B o n j o u r T h o m a s, ç a v a b i e n ?

Bon	jour	Tho	mas

ça	va	bien ?

A b i e n t ô t, m a d a m e D u v a l !

A	bien	t ô t,

ma	dame	Du	val !

Activité 16 : Tapez dans les mains

Ça va ?	da da	Ça | va ?
Oui, ça va.	da da da	Oui, | ça | va.
Comment tu vas ?	da da da da	Co | mment | tu | vas ?
Je vais bien, et toi?	da da da da da	Je | vais | bien, | et | toi ?
Moi aussi, je vais bien.	da da da da da da	Moi | au | ssi, | je | vais | bien.
Et ton chien, il va comment ?	da da da da da da da	Et | ton | chien, | il | va | co | mment ?
Il va bien, et mon chat aussi.	da da da da da da da da	Il | va | bien, | et | mon | chat | au | ssi.

Activité 17 : Ecoutez et comptez les syllabes

> Chaque syllabe est constituée autour d'une voyelle. La **syllabe ouverte** se termine par une voyelle, la **syllabe fermée** par une ou plusieurs consonnes. 80% de syllabes en français sont ouvertes.

Exemple :1. Bonjour, madame ! → **o o o o** 4

1.	o o o o	4
2.		
3.		
4.		

5.		
6.		
7.		
8.		

Activité 18 : Ecoutez et observez la courbe d'intonation

1
- Eric, tu vas bien ?
- Oui, très bien. Et toi, ça va ?
- Oui, ça va.
- Et Boris, il va bien ?
- Oui, il va bien.

Pour poser une question sans terme interrogatif, la voix doit être montante. Pour répondre, la voix est descendante. On peut dessiner une courbe d'intonation.

2
- Tu as un chat, Lucie ?
- Oui. Il s'appelle Minou.
- Il va bien, ton chat Minou ?
- Oui, il va très bien.
  Et toi, Eric, tu as un chat ?
- Non. J'ai un petit chien.

Question
sans terme interrogatif

Réponse :

Activité 19 : Ecoutez. La voix est montante ou descendante ? Dessinez.

	1.	2.	3.	4.	5.	6.	7.	8.	9.	10.

Activité 20 : Ecoutez. Combien de personnes ?

Exemple 1 : Anne, Sophie, Marie et Louise → 4
Exemple 2 : Anne-Sophie et Marie-Louise → 2

Le prénom composé est l'ensemble de deux prénoms reliés par un trait d'union. Grâce au rythme, on les distingue des prénoms simples.

	1.	2.	3.	4.	5.
Combien de personnes ?					

Activité 21 : Ecoutez. Combien de pauses dans la phrase ?

1. Cher Eric, // merci beaucoup // pour ta lettre. → 2 pauses
2. Je vais bien // et mon chat Minou aussi. → 1 pause

	1.	2.	3.	4.	5.	6.	7.	8.	9.	10.
Combien de pauses ?	2	1								

Activité 22 : Eric présente Lucie à sa mère. Ecoutez, repérez les groupes rythmiques et marquez les pauses

- Bonsoir maman !
- Bonsoir Eric, comment tu vas ?
- Je vais bien, et toi, maman ?
- Ça va. Qui est cette jeune fille ?
  Tu nous présentes ?
- Voici Lucie, une amie. Lucie, voici ma mère.
- Bonsoir Lucie !
- Bonsoir madame!

Groupes rythmiques :
- Comment allez-vous, // monsieur ?
- Je vais très bien, // et vous, // madame ?
- Moi aussi, // je vais bien, // merci.

La phrase est composée d'un ou de plusieurs groupes rythmiques (groupes de sens), entre deux groupes rythmiques, il y a une pause. A l'oral spontané, les groupes sont courts, composés de 2 à 4 syllabes (pas plus de 7).

Activité 23 : Réécoutez et marquez les syllabes accentuées

- Bonsoir maman !
- Bonsoir Eric, comment tu vas ?
- Je vais bien, et toi, maman ?
- Ça va. Qui est cette jeune fille ?
  Tu nous présentes ?
- Voici Lucie, une amie. Lucie, voici ma mère.
- Bonsoir Lucie !
- Bonsoir madame!

Syllabes accentuées :
- Comment allez-vous, // monsieur ?
- Je vais très bien, // et vous // madame ?
- Moi aussi, // je vais bien, // merci.

Les syllabes ont la même durée, à l'exception de la **dernière** syllabe du groupe rythmique. Elle est plus longue et plus forte. On l'appelle l'accent rythmique.

Activité 24 : Ecoutez et marquez
- **les consonnes finales qui ne se prononcent pas**
- **les consonnes finales qui se prononcent**

Salut Manuel, ça va ?

1. Salut, Manuel, ça va ?
2. Bonsoir, madame Placard.
3. Comment* tu vas, Thomas ?
4. A bientôt, madame Duval.
5. Au revoir, monsieur Dubois.
6. Le chat s'appelle Félix.
7. Merci beaucoup, Michel.
8. J'étudie le français tous les jours.
9. Et vous, vous allez comment ?
10. Il a peur du loup.

* « comment » : la consonne finale, qui ne se prononce pas, est seulement le « t ». Le « n » transforme le « e » en voyelle nasale. (Voir unité 5)

Je joue avec la langue

Activité 25 : Ecoutez et chantez

« *Chanson à boire* »

Buvons un coup ma serpette est perdue
Mais le manche, mais le manche
Buvons un coup ma serpette est perdue
Mais le manche est revenu

Les « chansons à boire » se chantent en France en fin d'un repas festif pour encourager les convives à boire du vin. On les chante lors d'une fête en famille, d'un mariage ou d'une fête étudiante.

Activité 26 : Mots coupés. Assemblez les syllabes pour former un mot
Ecoutez pour vérifier

mon | ma | ci | bon | au | sa | sieur | dame | mment | jour | lut | mer | ssi | co

1. a________________
2. m________________
3. c________________
4. b________________
5. s________________
6. m________________
7. m________________

Activité 27 : Le pendu. Ecoutez et devinez le mot lettre par lettre

1. _ _ _ _ _ _ _
2. _ _ _ _ _ _ _ _
3. _ _ _ _ _ _ _ _ _ _

a à â b c d e
é è ê f g h i î
j k l m n o ô
p q r s t u ù
û v w x v z

« Le pendu» est un jeu populaire français. Faites écouter et deviner l'orthographe des mots à vos étudiants. Chacun son tour annonce une lettre. Si elle est bonne, vous donnez son emplacement. Si elle n'appartient pas au mot, vous dessinez un trait de la potence, puis du pendu.

Je communique

Eric présente Boris à Lucie.

Activité 28 : Ecoutez le dialogue plusieurs fois

- **colorez les sons [i], [u], [y]**
- **entourez les consonnes finales prononcées (Boris)**

Eric : Salut, Lucie, ça va ?

Lucie : Oui, ça va, merci.

Eric : Et ton chat Minou, ça va ?

Lucie : Oui, ça va aussi.

Eric : Lucie, je te présente Boris.

Lucie : Bonjour, Boris. Je m'appelle Lucie.

Eric : Boris est russe. Il ne parle pas français.

Lucie : Mais… tu parles russe, Eric ?

Eric : Pas beaucoup.

Activité 29 : Ecoutez le dialogue trois fois

- **marquez les groupes rythmiques**
- **entourez les syllabes accentuées**
- **dessinez les courbes d'intonation**

Eric : Salut, Lucie, //ça va ?

Lucie : Oui, ça va, merci.

Eric : Et ton chat Minou, ça va ?

Lucie : Oui, ça va aussi.

Eric : Lucie, je te présente Boris.

Lucie : Bonjour, Boris. Je m'appelle Lucie.

Eric : Boris est russe. Il ne parle pas français.

Lucie : Mais… tu parles russe, Eric ?

Eric : Pas beaucoup.

Mémorisez et jouez

Unité 2
Moi, je suis italien

Je découvre les sons [w], [ɥ], [j]

Activité 1 : Ecoutez le poème et la chanson

https://www.youtube.com/watch?v=R3hfOQQB2Tc

[w] →
- [wA] moi
- [wE] ouest
- [wi] oui

[ɥ] →
- [ɥi] suisse
- [ɥE] muet
- [ɥA] nuage

[j] →
- [jẼ] bien
- [jã] étudiant
- [jO] nationalité
- [ij] fille

Gérard de Nerval
(1808-1855)

Le rock

Allons mon Andalouse
Puisque la nuit jalouse
Étend son ombre aux cieux
Fais à travers son voile
Briller sur moi l'étoile
L'étoile de tes yeux

Poème de Gérard de Nerval
Chanté par Serge Gainsbourg

Activité 2 : Regardez la vidéo, articulez

[w]:

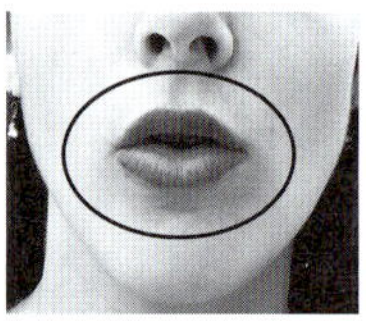

lèvres légèrement arrondies

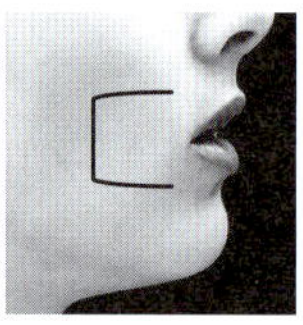

muscles tendus

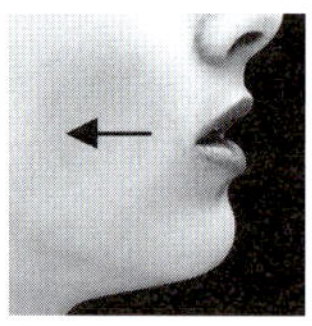

langue en arrière

[ɥ]:

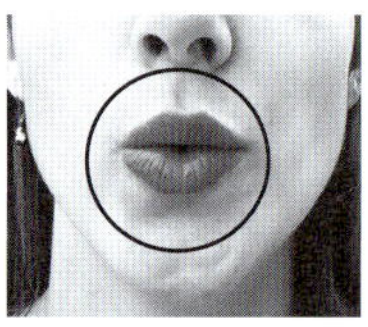

lèvres arrondies

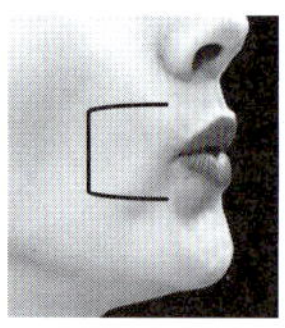

muscles tendus

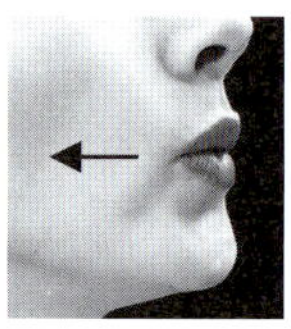

langue en arrière

[j]:

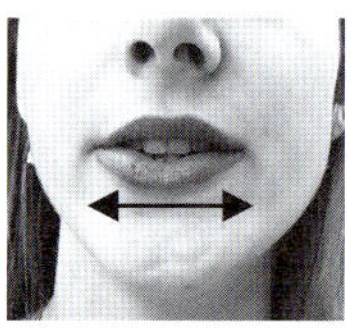

lèvres écartées

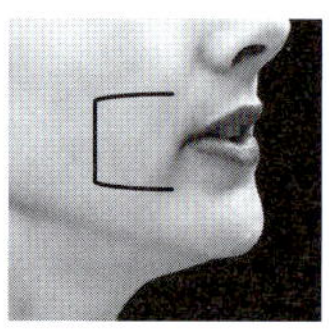

muscles tendus

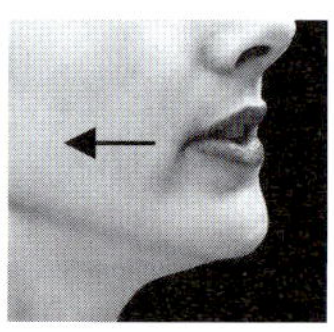

langue en arrière

Je prononce les sons [w], [ɥ], [j]

Activité 3 : Ecoutez et répétez

[wa]	[wi], [wE], [wẼ]	[jẼ]	[j +voyelle]	[voyelle +j]	[ɥ]
moi, toi	oui	chien	Mario	nouille	nuage
bonsoir	Louise	Tiens !	Pierre	gentille	Suisse
au revoir	fouine	de rien	triangle	Marseille	fruit
mademoiselle	épanouir	Julien	curieux	travail	juin
chinois	ouest	égyptien	monsieur	fillette	virtuel
voisin	jouer	italien	violon	fauteuil	statuette
poisson	mouette	algérien	asiatique	œillet	actualité
Dubois	coin	à bientôt	nationalité	papillon	situation

Ma famille va en Suède.
Toi, moi et François Dubois.
Bonsoir, madame Fournier.
Bonne nuit, Louis.
Je viens de Marseille. Et vous ?
Je ne suis pas algérien.
Mario est italien.
Il n'habite pas loin des Tuileries.
Monsieur Lemercier est suisse.
Mon voisin travaille à Châtillon.
Le Vietnam est un pays asiatique.
La chouette est un oiseau de proie.
Mes souliers sont en cuir.
La pluie et les nuages.

Je viens de Marseille. Et vous ?

Bonsoir, madame Fournier.

Activité 4 : Vire-langues

- Pourquoi l'oiseau noir migratoire boite le soir dans le terroir ?
- Une fouine poursuit une truite sans bruit, puis la truite fuit et la fouine s'évanouit.

Récitez les formules en modulant la voix (du grave à l'aigu), à voix forte, douce, aigüe, gentille, méchante, grinçante...

J'écoute les sons [w], [ɥ], [j]

Activité 5 : vous entendez le son [j] ?

Exemple : 1. étudiant, 2. cependant

	1	2	3	4	5	6	7	8	9	10
J'entends	X									
Je n'entends pas		X								

Activité 6 : le son [wa] dans quelle syllabe ?

Exemple : 1. moisonnage

	1	2	3	4	5	6	7	8	9	10
1e syllabe	X									
2e syllabe										
3e syllabe										

Activité 7 : le son [wa], le son [wE] ou le son [wi] ?

Exemple : 1. pirouette, 2. bonsoir, 3. éblouie

	1	2	3	4	5	6	7	8	9	10
[wa]		X								
[wE]	X									
[wi]			X							

Activité 8 : le son [y] ou le son [ɥ]?

Exemple : 1. Salut, 2. c'est lui

	1	2	3	4	5	6	7	8	9	10
[y]	X									
[ɥ]		X								

J'écris les sons [w], [ɥ], [j]

Activité 9 : Ecoutez l'enregistrement lent et colorez les sons [w], [ɥ], [j]. Comment on écrit ces sons ? Réécoutez l'enregistrement à vitesse naturelle

Lucie habite dans la banlieue parisienne. Son voisin, monsieur Louis, aime les animaux. Il a un chien et trois oiseaux : une mouette et deux chouettes. Il a aussi huit poissons dans un bocal. Depuis un mois, Lucie a beaucoup de travail. Pourquoi ? Louis est à Poitiers dans sa famille, puis, il va à Dieppe pour voir sa fille. Alors, oui ! Lucie doit aller chez lui tous les soirs pour donner à manger à ses animaux !

Comment on écrit le son [wa] ?

_____

Exemples :

____

____

____

On écrit le son [wa] aussi : oua

Exemple : tatouage

Comment on écrit le son [wi], [we] ?

_____ + i, e

Exemples :

____

____

Comment on écrit le son [ɥi] ? _____

Exemples :

____

On écrit le son [ɥ] aussi : ue, ua

Exemples :

muet, manuel, Venezuela, pollué, nuage

Comment on écrit le son [j] ?

_____ + voyelle

Exemples :

____

____

On écrit le son [j] aussi :

____ , voyelle + ____

Exemples :

____

Mais : ville, village, mille, tranquille

On écrit le son [j] aussi :

voyelle + y + voyelle

Exemples : voyage, payer, loyer, joyeux

une mouette

Activité 10 : Lettres mêlés. Ecoutez et écrivez les mots

1. E L T I NA I — Il n'est pas français, il est I T A L I E N.
2. O R O I B N S — ______________ Madame Duval!
3. S R E O N I M U — Comment allez-vous, ______________ Dubois?
4. N A T D I T U É — Je ne travaille pas encore, je suis ______________ .
5. N I C O S H I — Je ne suis pas ______________, je suis coréen.

Activité 11 : Ecoutez phrase par phrase et complétez. Puis réécoutez l'ensemble pour vérifier

Mons__eur et madame Dub___s v___ennent de la rég__on paris__enne. Ils vo___agent souvent au sud-___est de la France. Pourqu___ ? Pour v___r leur f____e. Elle s'appelle L___ise et elle habite à Bayonne. Elle est mar___ée dep___s h___t m___s. Son mari Franç___s est s___sse. Il trava____e dans une entreprise commerc__ale.

Activité 12 : Le pendu. Ecoutez et devinez chaque mot lettre par lettre

1. _ _ _ _ _ _ _

2. _ _ _ _ _ _ _ _ _ _

3. _ _ _ _ _ _ _

a à â b c d
e é è ê f g h
I î j k l m n
o ô p q r s t
u ù û v w x

Activité 13 : Ecoutez et notez les prénoms et les noms de famille

1. ______________ ______________

2. ______________ ______________

3. ______________ ______________

Je découvre le rythme et la mélodie

Les liaisons :
consonne non prononcée + voyelle
mon perroquet / mon n ami
tes chats / tes z amis
c'est mon chien / c'est t un chien
ma grand-mère / mon grand t ami

Le français relie les mots à l'intérieur du groupe rythmique. Si le mot finit par une consonne qui ne se prononce pas, et il est suivi par le mot qui commence par une voyelle, il s'agit de **la liaison**. La liaison peut être :

★obligatoire : J'ai un_ ami.

★facultative : Il est algérien. / Il est_algérien.

★interdite : Il parle français et arabe.

Activité 14 : Ecoutez et marquez les liaisons

1. Vous_/z/_ êtes coréenne ?
2. J'ai un___ ami, il est ___ américain.
3. Vous vous___ appelez comment, monsieur ?
4. Comment ___ allez-vous, madame ?
5. Tes___ amis sont___ espagnols ?

Activité15 : Ecoutez, répétez et tapez dans les mains. Combien de syllabes ?

1. Je te présente mon ami Boris. → 9 syllabes
2. Vous vous appelez comment ? →
3. Marina est étudiante. →
4. Ricardo et Manuel sont espagnols. →
5. Nous étudions le français à Tours. →
6. Tes amis parlent quelle langue ? →

Activité 16 : Ecoutez et découpez les phrases en syllabes

Syllabes et liaisons
Vous êtes français ? →Vou /z êtes / fran / çais ?

Les liaisons causent la formation des syllabes qui chevauchent deux mots.

1. Je te présente mon ami Boris.
2. Vous vous appelez comment ?
3. Marina est étudiante.
4. Ricardo et Manuel sont espagnols.
5. Nous étudions le français à Tours.
6. Tes amis parlent quelles langues?

Activité 17 : Ecoutez et colorez

- **les consonnes finales qui ne se prononcent pas**
- **les consonnes finales qui se prononcent**

Les consonnes qui ne se prononcent pas sont plus fréquentes que celles qui se prononcent.

le perroquet de monsieur Duvert

1.

Je vous présente le perroquet de monsieur Duvert. Il parle français ! Il dit : « Salut ! Comment tu vas ? Au revoir ! » Maintenant, il apprend le chinois.

2.

Michel connaît Boris et Sacha. Ils sont russes. Ils parlent anglais, espagnol et allemand.

3.

J'apprends le portugais, je vais en cours tous les jours. Notre professeur est super !

Activité 18 : Ecoutez et marqez le « e » final non prononcé

1. Ma tortue s'appelle Caroline.
2. Anne parle arabe, c'est une langue difficile.
3. Yasmine est mexicaine et Marie est française.
4. Voici madame Faure, ma voisine.
5. Sabina est allemande, elle parle allemand.

Sabina est allemande.

Activité 19 : Ecoutez. Séparez les groupes rythmiques. Combien de groupes ? Entourez les syllabes accentuées.

Exemple : Les filles, // vous parlez italien ? (2)

1. Sonia ne parle pas bien anglais, mais son russe est excellent. ( )
2. Tu ne connais pas madame Dubois ? ( )
3. J'ai une amie coréenne, elle s'appelle Kim Ji-Won, Kim est son nom et Ji-Won est son prénom. ( )
4. Mon ami russe s'appelle Sacha, il ne parle pas bien français. ( )
5. Sabina est allemande, elle parle allemand, anglais et un peu français. ( )

Activité 20 : Ecoutez et observez les courbes d'intonation

- Comment tu t'appelles ?
- Je m'appelle Sumi.
- Quelle est ta nationalité ?
- Je suis coréenne. Et toi, tu es français ?
- Oui, je suis français.
- Tu parles quelles langues ?
- Je parle français et anglais.
- Tu ne parles pas coréen ?
- Non, désolé.

Question sans terme interrogatif :

Question avec terme interrogatif : ou

Réponse :

L'intonation de la question contenant un terme interrogatif est généralement descendante.

Activité 21 : Ecoutez et répétez. Dessinez les courbes de lecture

Si la phrase n'est pas finie, la voix monte.

Il parle français.

Il parle français et anglais.

Il parle français, anglais et coréen.

Si la fin du groupe n'est pas la fin de la phrase, la voix est généralement montante sur la dernière syllabe de ce groupe, pour signifier que nous n'avons pas fini de parler. À la fin de la phrase, la voix est descendante.

1. Fatima est algérienne. Elle parle arabe, russe, japonais, coréen et chinois. Mais ses amies Djamila et Samira parlent seulement arabe.

2. Je prends des cours d'espagnol, d'italien et de coréen. Je parle déjà bien espagnol, assez bien italien, mais très peu coréen. Je voudrais apprendre aussi le chinois, mais c'est une langue difficile.

Je joue avec la langue

Activité 22 : Ecoutez et chantez

https://youtu.be/x_MdLBNXCmQ

« ***Le bon roi Dagobert*** »

Le bon roi Dagobert,
Avait sa culotte à l´envers,
Le grand Saint Eloi lui dit :
Oh, mon Roi, Votre majesté
Est mal culottée"
C´est vrai, lui dit le roi,
Je vais la remettre à l´endroit.

Activité 23 : Sur un trottoir. Appelez la personne

Vane**ssa** !	Maga**lie** !	Bru**no** !	Nico**las** !
Mi**chèle** !	Mar**tine** !	Pas**cal** !	Jean-**Paul** !
Ma**thieu** !	Xa**vier** !	Da**niel** !	Sébas**tien**!
An**toine** !	Be**noî**t !	Mi**reille** !	Ca**mille**!

Imaginez : vous êtes dans une grande ville et vous marchez sur un trottoir avec beaucoup de monde. Une personne, que vous connaissez bien, marche loin devant vous. Appelez cette personne par son prénom. (Voix forte et la dernière syllabe accentuée)

Activité 24 : D'un sommet à l'autre

Tu es **où** ?	→	Je suis **là** !
Tu vas **bien** ?	→	Je vais **bien** !
Et ton **chien** ?	→	Il va **bien** !
Et ton **chat** ?	→	Il est **là** !
Tu fais **quoi** ?	→	Rien du **tout** !

Entre deux collines, il y a une vallée. Vous êtes sur le sommet d'une colline et votre ami sur celui de l'autre. Il faut forcer la voix pour se faire entendre !

Activité 25 : Boule de neige.

Le joueur, chacun son tour, répète le prénom dit par le joueur précédent et ajoute un autre prénom.

Qui vient à la fête chez Lucie ?

Antoine.
Antoine et Benoît.
Antoine, Benoît et Christian.
Antoine, Benoît, Christian et Camille.
Antoine, Benoît, Christian, Camille et Florian.
Antoine, Benoît, Christian, Camille, Florian et Julien.

Exemples de prénoms :

Lucien	Juliette
Louis	Laetitia
Olivier	Lydia
Sébastien	Victoria
Thierry	Danielle
Xavier	Violette
Aurélien	Vivianne
Guillaume	Yolande

Je communique

Eric rencontre Lucie et Louise.

Ma chienne Vanille

Activité 26 : Ecoutez le dialogue plusieurs fois

- **colorez les sons [w], [ɥ], [j]**
- **marquez les liaisons**
- **entourez les consonnes finales prononcées**

Eric : Bonsoir, les filles, vous_allez bien?

Louise : Oui, nous allons bien. Tu vas où?

Eric : A la bibliothèque. Et vous ?

Lucie : Nous allons nous promener avec Vanille.

Eric : Vanille, c'est ta chienne, Lucie ?

Lucie : Non. Vanille est à Louise.

Louise : Vanille a six mois. Elle préfère sortir la nuit.

Eric : Tout comme moi, alors !

Lucie : Je sais, tu vas souvent en boîte de nuit !

Activité 27 : Ecoutez encore trois fois

- **marquez les groupes rythmiques**
- **entourez les syllabes accentuées (accents rythmiques)**
- **dessinez les courbes d'intonation**

Eric: Bonsoir,//les filles, //vous allez bien?

Louise : Oui, nous allons bien. Tu vas où?

Eric : A la bibliothèque. Et vous ?

Lucie : Nous allons nous promener avec Vanille.

Eric : Vanille, c'est ta chienne, Lucie ?

Lucie : Non. Vanille est à Louise.

Louise : Vanille a six mois. Elle préfère sortir la nuit.

Eric : Tout comme moi, alors !

Lucie : Je sais, tu vas souvent en boîte de nuit !

Mémorisez et jouez

Unité 3
Je connais Céline

Je découvre les sons [e], [ɛ], [ə]

Activité 1 : Ecoutez le poème et la chanson

https://youtu.be/mPHB3YuAlQY

Alexis-Félix Arvers
(1806-1850)

Le sonnet

Ma vie a son secret, mon âme a son mystère :
Un amour éternel en un moment conçu.
Le mal est sans espoir, aussi j'ai dû le taire,
Et celle qui l'a fait n'en a jamais rien su.

Hélas ! J'aurai passé près d'elle inaperçu,
Toujours à ses côtés, et pourtant solitaire,
Et j'aurai jusqu'au bout fait mon temps sur la terre,
N'osant rien demander et n'ayant rien reçu.

Poème d'Alexis-Félix Arvers
Chanté par Serge Gainsbourg

Activité 2 : Regardez la vidéo, articulez

[e]:

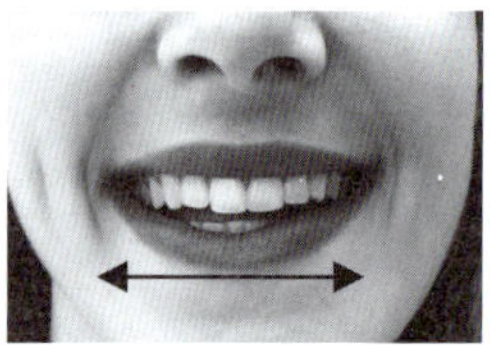

lèvres écartées

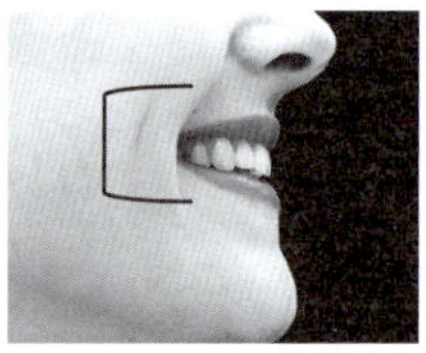

muscles très tendus

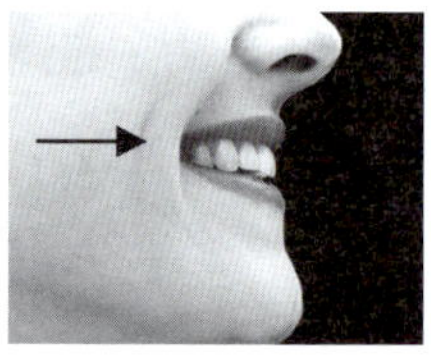

langue en avant

[ɛ]:

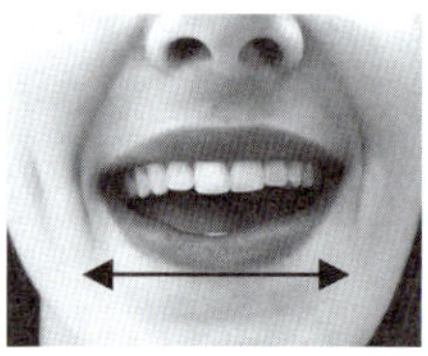

lèvres écartées

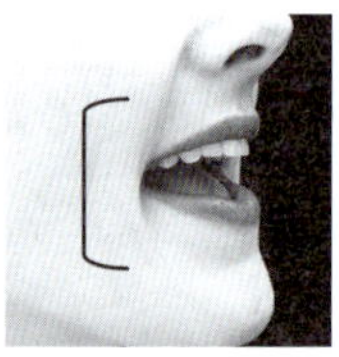

muscles tendus

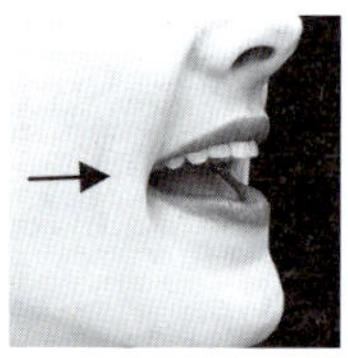

langue en avant

[ə]:

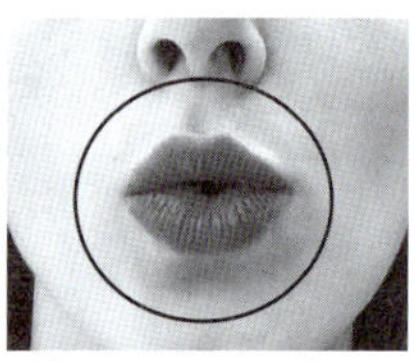

lèvres arrondies

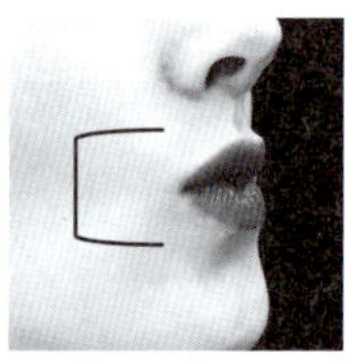

muscles très tendus

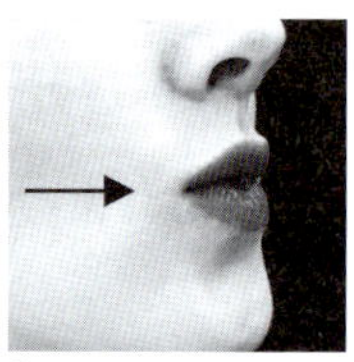

langue en avant

Je prononce les sons [e], [ɛ], [ə]

Activité 3 : Ecoutez - répétez

[e] – [ɛ]	[ə] – [e]	[ə] – [ɛ]
thé – taie	le – les	je – j'ai
pet – paix	de – des	que – quai
grés – grès	ce – ces	ne – naît
ses – sais	dessous – des sous	ce – sais
bée – baie	à petit – appétit	de – dès
mes – mais	debout – des bouts	le – lait

Il est sénégalais

Je vais très bien.
Il est sénégalais.
Enchanté, Céline.
Elle s'appelle Agnès.
Il fait ses études à Berlin.
Vous parlez français ?

Ils apprennent le français à Besançon.

Le perroquet d'Hélène

Vous venez d'Angleterre ?
A demain, monsieur Lemaire.
Ce petit chat s'appelle Minette.
Ils apprennent le français à Besançon.
Le perroquet d'Hélène s'appelle Théo.
Je te présente Carlos, étudiant espagnol.

Activité 4 : Ecoutez et observez les accents orthographiques

Tu vas bien ? – Oui, très bien.
Vous venez d'où ? – De Corée.
Ils habitent à Séoul ? – Non, à Paris.
Vous êtes américain ? – Non, anglais.
Elle connaît le château de Prague ? – Bien sûr !
A bientôt ! – A bientôt !

> Accents orthographiques :
> é – accent aigu
> è, à, ù – accent grave
> ê, â, î, ô, û – accent circonflexe

J'écoute les sons [E], [ə]

Puisque les locuteurs natifs font peu de différence entre les phonèmes [e] - [ɛ], nous les avons remplacés par l'archiphonème [E], plus accessible pour les apprenants débutants.

Activité 5 : [lə] ou [le] ? Le singulier ou le pluriel ?

Exemple : 1. le garçon, 2. les chiens

	1	2	3	4	5	6	7	8	9	10
singulier	X									
pluriel		X								

Activité 6 : le son [ə] dans quelle syllabe ?

Exemple : 1. regardez, 2. ça me plaît

	1	2	3	4	5	6	7	8	9	10
1e syllabe	X									
2e syllabe		X								
3e syllabe										

Activité 7 : le son [ə] ou le son [E] ?

Exemple : 1. Amérique, 2. vendredi

	1	2	3	4	5	6	7	8	9	10
[ə]		X								
[E]	X									

Activité 8 : le son [ə], puis le son [E] **/** le son [E], puis le son [ə]?

Exemple : 1. Angleterre, 2. règlement

	1	2	3	4	5	6	7	8	9	10
[ə] [E]	X									
[E] [ə]		X								

J'écris les sons [E], [ə]

Activité 9 : Ecoutez l'enregistrement lent et colorez les sons [E], [ə]. Comment on écrit ces sons ? Réécoutez l'enregistrement à vitesse naturelle

Vous ne connaissez pas les amies de Lucie ? Regardez cette photo. Ce sont Aziz et sa copine Angéla au bord de la Seine. Aziz est algérien, il étudie l'anglais à la même université que Lucie. Angéla vient d'Espagne, de Barcelone. Elle parle très bien français. Son petit ami Aziz parle anglais, français et arabe. Et vous ? Vous voulez parler quelles langues étrangères ?

Comment on écrit le son [ə] ? C___C

Exemples :

____

On écrit le son [ə] aussi ___ **dans les mots monosyllabes**

Exemples : _______________

Cas particuliers :

Comment on écrit le son [E] ?

_____ , ______

Exemples :

____

____

On écrit le son [E] aussi :

___+ 1 ou 2 consonnes

mot monosyllabique

Exemple :

____

Comment on écrit le son [E]?

___ avec un accent

Exemples :

____

____

____

On écrit le son [E] aussi :

___+ 2 consonnes

Exemples :

____

On écrit le son [E] aussi :___z, ___r

en syllabe finale

Exemples :

____

____

Activité 10 : Lettres mêlés. Trouvez le mot qui manque dans la phrase. Ecoutez pour vérifier

1. I N I T O T A L É N A — Quelle est votre ____________________ ?
2. T E R N G E R E A L — En ____________________ on parle anglais.
3. N A C É I R I E M A — Mary est ____________________ .
4. N É R E G A T R — Je voudrais voyager à l'____________________.
5. N C E S O A S I N Z — Vous ____________________ Madame Duvert ?

Activité 11 : Ecoutez phrase par phrase et complétez. Puis réécoutez l'ensemble pour vérifier

Ch__re C__line,

J__ t'__cris de B__sançon. J'__tudie l__ français dans un centre de langue. Tu conn___s B__sançon ? C'__st une b__lle ville.

J'habite un p__tit appart__ment pas loin d__ l'__cole. Après la fin d__s cours, j__ v___s particip__r à un chantier de jeunes b__n__voles.

J__ t'embrasse tr__s fort.

Sumi

chantier de jeunes

Activité 12 : Le pendu. Ecoutez et devinez le mot lettre par lettre

1. __ __ __ __ __ __
2. __ __ __ __ __ __ __ __ __
3. __ __ __ __ __ __ __ __ __ __ __

a à â b c d e
é è ê f g h I î
j k l m n o ô
p q r s t u ù
û v w x y z

Activité 13 : Ecoutez et reliez les syllabes du mot

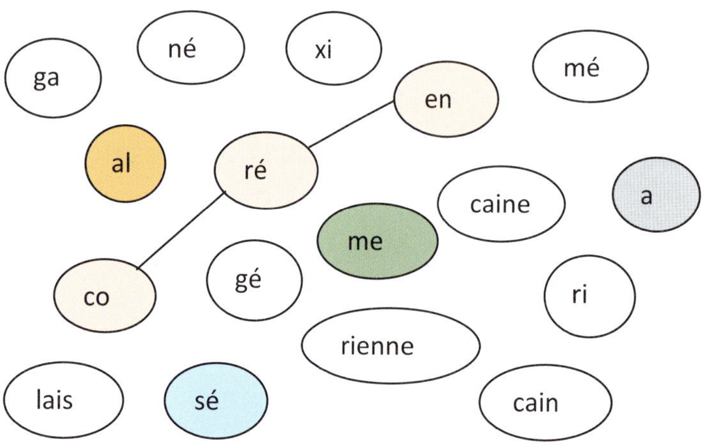

1. coréen
2. ____________
3. ____________
4. ____________
5. ____________

Je découvre le rythme et la mélodie

Activité 14 : Ecoutez et observez la longueur des syllabes. Répétez

Les syllabes du même groupe sont régulières. La dernière syllabe du groupe est plus longue.

1. Il habite où, Eric ?

Rue de la Révolution. ▯▯□

La rue de la Révolution. ▯▯▯□

Dans la rue de la Révolution.▯▯▯▯□

Il habite dans la rue de la Révolution. ▯▯▯▯▯▯□

2. Et toi, Lucie, tu habites où ? (dessinez les syllabes)

Rue de la Liberté.

La rue de la Liberté.

Dans la rue de la Liberté.

J'habite dans la rue de la Liberté.

Activité 15 : Ecoutez et marquez les enchaînements vocaliques. Répétez

L'enchaînement vocalique :
voyelle + voyelle
Tu__ es__ espagnol ?
Non, je ne suis pas__espagnol.

Si, dans la prononciation, un mot finit par une voyelle, et que le mot suivant commence par une voyelle, l'habitude est de passer d'une voyelle à l'autre sans interruption de la voix, à l'exception des liaisons obligatoires.

- Lucie, qui_est le garçon là-bas ?
- C'est Aziz, un étudiant algérien. Il va au cours d'anglais avec moi.
- Ah, c'est Aziz ! Je connais bien Angéla, sa copine.
- Moi aussi. Angéla est espagnole. Elle va souvent à Barcelone voir sa famille.
- Où habitent les parents d'Aziz?
- A Alger. Mais Ahmed, son frère, étudie à Nantes.

Registre soutenu : liaison	**Registre courant :** enchaînement
Il est_t_italien.	Il est_italien.
Je ne suis pas_z_anglais.	Je ne suis pas_anglais.

Activité 16 : Ecoutez et repérez les enchaînements consonantiques. Réécoutez et répétez

L'enchaînement consonantique :
consonne prononcée + voyelle
Il__est coréen.
Il habite__ à Séoul.

Si, dans la prononciation, un mot finit par une consonne, et que le mot suivant commence par une voyelle, on relie la consonne avec la voyelle.

Camille

- Eric, quelle_est la nationalité de Camille ?
- Elle est suisse. Son père est suisse et sa mère est française.
- Ah bon ? Elle habite où maintenant ?
- Elle habite à Paris, dans le même arrondissement que moi.

Activité 17 : Ecoutez, répétez et tapez dans les mains. Découpez en syllabes. Combien de syllabes ?

L'enchaînement consonantique influe la formation des syllabes.

Exemple : Camille est la meilleure amie d'Angéla.
→ Ca/mi/lle est/ la/ me/illeu/re a/mie /d'An/gé/la = 11 syllabes

- Eric, quelle est la nationalité de Camille ?
- Elle est suisse. Son père est suisse et sa mère est française.
- Ah bon ? Elle habite où maintenant ?
- Elle habite à Paris, dans le même arrondissement que moi.

Activité 18 : Ecoutez et dessinez les courbes de lecture. Répétez

Exemple : Je viens de France. J'habite en Corée.
Je viens de France, mais j'habite en Corée.
J'habite en Corée, mais je viens de France.

1. Lucie habite à Paris. Elle vient d'Aix-en-Provence.
   Lucie habite à Paris, mais elle vient d'Aix-en-Provence.
   Lucie vient d'Aix-en-Provence, mais elle habite à Paris.

2. Angéla est espagnole. Elle vient de Barcelone.
   Angéla est espagnole, elle vient de Barcelone.
   Angéla vient de Barcelone, elle est espagnole.

Activité 19 : Ecoutez et observez les syllabes accentués et l'intonation. Réécoutez et répétez

Vous parlez bien anglais.

Vous parlez très bien anglais.

Vous parlez vraiment bien anglais.

Vous parlez vraiment très bien anglais.

L'accent d'insistance porte sur la première syllabe du mot, la voix monte. Cet accent est plus fort que l'accent rythmique de la fin du groupe rythmique.

Activité 20 : Ecoutez les exemples et observez la prononciation de la syllabe terminale. Formez les phrases, puis écoutez pour vérifier

1.	2.
Il est français. [E]	Il est chinois. [wa]
Elle est française. [Ez]	Elle est chinoise [waz]
japonais	danois
anglais	suédois
portugais	québécois
sénégalais	hongrois
irlandais	luxembourgeois

Elle est suédoise.

Activité 21 : Ecoutez et colorez les « e » non prononcés en fin de mot

J'ai une copine coréenne, elle s'appelle Sumi. Sa mère et son pèresont à Séoul, la capitale de la Corée du Sud. Sumi fait ses études à Pusan. Pour améliorer son français, elle fait un stage linguistique à Besançon.

Activité 22 : Ecoutez et marquez les [ə] non prononcés à l'intérieur des mots, puis comptez les syllabes

Au revoir !	2	A la boulangerie.	
A samedi !		A tout de suite !	
A la semaine prochaine !		Merci. – De rien.	
Tu ne parles pas russe ?		Maintenant !	
Un petit café ?		Pas de problème.	

Dans cette activité, il s'agit du « e » caduc. Sa prononciation est aléatoire et dépend de l'origine du locuteur et du registre : dans le registre soutenu, le « e » est prononcé, tandis que dans le registre courant ou familier, il est souvent caduc.

Je joue avec la langue

Activité 23 : Ecoutez et chantez

https://www.youtube.com/watch?v=-VctOj6Bm4Y

A la claire fontaine
M'en allant promener
J'ai trouvé l'eau si belle
Que je m'y suis baigné
Il y a longtemps que je t'aime
Jamais je ne t'oublierai

A la claire fontaine
Partition simplifiée

Activité 24 : Mots cachés. Ecoutez, trouvez et notez dix villes françaises

n	l	l	b	e	i	o	s	s	a	o
a	l	y	o	n	l	n	n	a	s	s
n	l	n	r	r	b	l	t	r	m	e
t	b	n	d	r	a	t	o	i	l	s
e	t	r	e	t	l	a	l	r	n	l
s	t	r	a	s	b	o	u	r	g	i
p	t	o	u	l	o	u	s	e	l	i
r	a	n	x	e	n	p	a	r	i	s
m	a	r	s	e	i	l	l	e	l	a
l	b	l	r	r	c	n	p	e	l	u
m	o	n	t	p	e	l	l	i	e	r

1. Lille
2. Nice
3. B____________________
4. L____________________
5. M____________________
6. S____________________
7. N____________________
8. P____________________
9. T ____________________
10. M ____________________

Activité 25 : Boule de neige syllabique. Ecoutez et répétez

(1) /Hé/
/Hé/ lè/
/Hé/ lè/ne ha/
/Hé/ lè/ne ha/bi/
/Hé/ lè/ne ha/bi/te à/
/Hé/ lè/ne ha/bi/te à/Pa/
/Hé/ lè/ne ha/bi/te à/Pa/ris./

(2) /ris./
/Pa/ris./
/te à/Pa/ris./
/bi/te à/Pa/ris./
/ne ha/bi/te à/Pa/ris./
/lè/ne ha/bi/te à/Pa/ris./
/Hé/lè/ne ha/bi/te à/Pa/ris./

A vous maintenant : Vous êtes italien ?
Aziz est algérien.
Jérôme et René parlent arabe.

Je communique

Activité 26 : Ecoutez le dialogue et
- **colorez les sons [E], [ə]**
- **marquez les liaisons et les enchainements**
- **entourez les consonnes finales prononcées**

Dans un centre de langues
Employé : Madame, quelle est votre nationalité ?

Sumi : Je suis coréenne.

Employé : Vous parlez quelles langues étrangères ?

Sumi : Je parle anglais, japonais et un peu français.

Employé : Vous habitez où ?

Sumi : J'habite rue de la Madeleine, à Paris.

Employé : Rue de la Madeleine ? Quel hasard ! Moi aussi !

Sumi : Alors, nous sommes voisins.

Activité 27 : Ecoutez le dialogue et
- **marquez les groupes rythmiques**
- **entourez les syllabes accentuées**
- **dessinez les courbes d'intonation**

Dans un centre de langue
Employé : Madame, quelle est votre nationalité ?

Sumi : Je suis coréenne.

Employé : Vous parlez quelles langues étrangères ?

Sumi : Je parle anglais, japonais et un peu français.

Employé : Vous habitez où ?

Sumi : J'habite rue de la Madeleine, à Paris.

Employé : Rue de la Madeleine ? Quel hasard ! Moi aussi !

Sumi : Alors, nous sommes voisins.

Mémorisez et jouez

Unité 4
Ce jeune avocat a trente-deux ans

Je découvre les sons [O], [Œ]

Activité 1 : Ecoutez le poème et la chanson

https://youtu.be/rVmMZsFCacE

Paul Verlaine
1844 - 1896

Il pleure dans mon cœur

Il pleure dans mon cœur
Comme il pleut sur la ville ;
Quelle est cette langueur
Qui pénètre mon cœur ?

Ô bruit doux de la pluie
Par terre et sur les toits !
Pour un cœur qui s'ennuie,
Ô le chant de la pluie !

Poème de Paul Verlaine
Chanté par Claire Keim

Activité 2 : Regardez la vidéo, articulez

[o]:

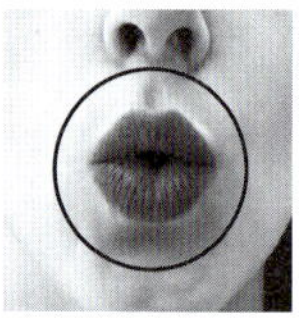
lèvres arrondies

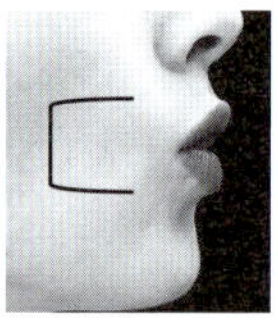
muscles très tendus

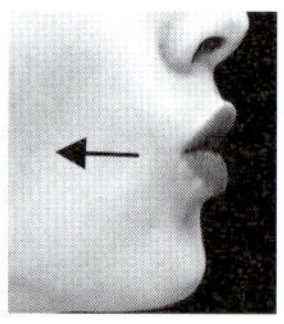
langue en arrière

[ɔ]:

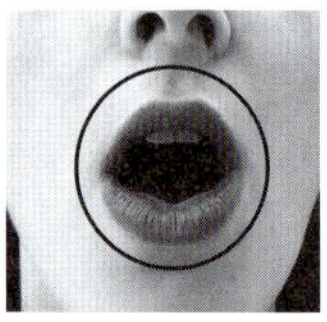
lèvres arrondies

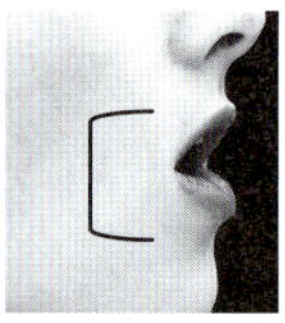
muscles tendus

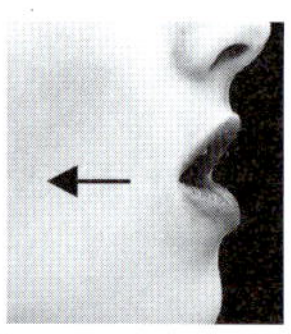
langue en arrière

[ø]:

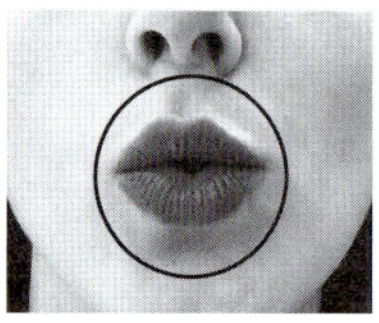
lèvres arrondies

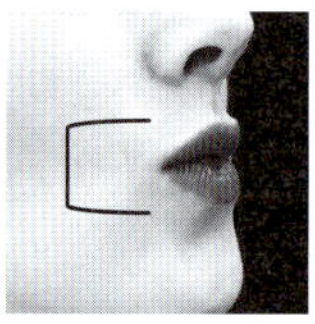
muscles très tendus

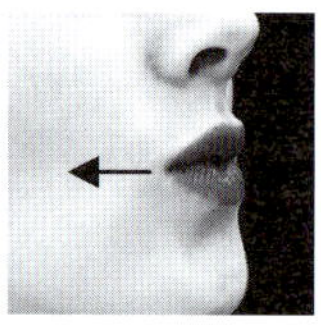
langue en arrière

[œ]:

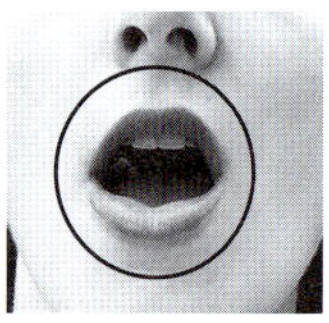
lèvres arrondies

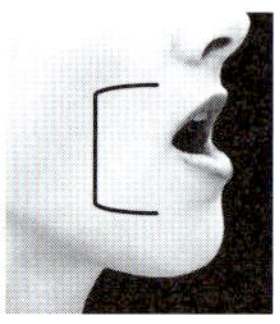
muscles tendus

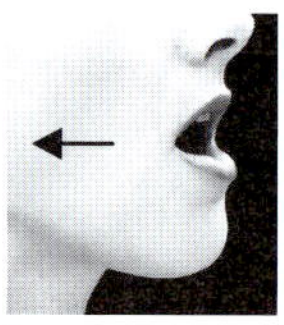
langue en arrière

J'articule [O], [Œ]

Activité 3 : Ecoutez - répétez:

[o], [ø]	[ɔ], [œ]
dos – deux	bord – beurre
sot – ceux	flore – fleur
nos – nœud	mort – meurt
faux – feu	molle – meule
jaune – jeûne	sort – sœur
peau – peu	butor – buteur
veau – vœu	mentor – menteur
gâteau – gâteux	décors – des cœurs

Il est jeune et beau.

Monsieur Moreau est serveur.

L'homme sur la photo est sérieux.
En automne, le ciel est bleu.
A bientôt, Fernando !
Quatorze perroquets ? C'est beaucoup !
Il est jeune et beau.
Monsieur Moreau est serveur.
Je veux être coiffeuse ou vendeuse.
Aurélie Faure parle un peu coréen.
Mes deux tortues mangent tout.

Demandez de réciter les textes lentement, en prolongeant les sons en question. Puis de chuchoter, puis de réciter sur un ton exclamatif.

Activité 4 : Faits divers

1. A la Courneuve, à l'heure du déjeuner, un ramoneur trouva avec stupeur son neveu mineur en pleur et sa sœur dans le congélateur. Quel malheur !

2. A neuf heures, à Périgueux, deux apiculteurs en cyclomoteur, aveuglés par la lueur, tombèrent dans le fleuve. Honneur au pasteur, leur sauveur !

3. Qui fut l'auteur du meurtre de la veuve pleurnicheuse dans ce lieu montagneux? Qui fut cet agresseur mystérieux ? Un tueur amateur sans cœur !

J'écoute les sons [O], [Œ]

Activité 5 : deux mots identiques ou deux mots différents ?

Exemple : 1. mort - meure, 2. jaune - jaune

	1	2	3	4	5	6	7	8	9	10
identiques		X								
différents	X									

Activité 6 : le son [O] ou le son [Œ] **?**

Exemple : 1. sport, 2. menteur

	1	2	3	4	5	6	7	8	9	10
[O]	X									
[Œ]		X								

Activité 7 : le son [O], puis le son [Œ] ? / le son [Œ], puis le son [O] ?

Exemple : 1. au feu, 2. deux fautes

	1	2	3	4	5	6	7	8	9	10
[O] [Œ]	X									
[Œ] [O]		X								

Activité 8 : le son [E] ou le son [Œ] ?

Exemple : 1. accueillir, 2. méduse

	1	2	3	4	5	6	7	8	9	10
[E]		X								
[Œ]	X									

J'écris les sons [O], [Œ]

Activité 9 : Ecoutez l'enregistrement lent et colorez les sons [O], [Œ]. Comment on écrit ces sons ? Réécoutez l'enregistrement à vitesse naturelle

Le copain d'Eric est serveur. Il travaille au restaurant de l'hôtel « Mirabeau ». C'est un beau restaurant : fleurs sur les tables, rideaux aux couleurs de l'automne, douceur de la musique, odeur de bœuf mitonné... Mais son copain n'est pas heureux, il veut être professeur comme sa sœur.

Le copain d'Eric est serveur

Comment on écrit le son [O] ?

___ , ___

Exemples :

____

____

____

On écrit le son [O] aussi : ____

Exemples :

____

____

On écrit le son [O] aussi : ______

Exemples :

____

____

Comment on écrit le son [Œ] ? ___

Exemples :

____

____

____

____

On écrit le son [Œ] aussi : _____

Exemples :

____

Activité 10 : Lettres mêlés. Ecoutez et écrivez les mots

1/ T R V S O I A P R E A U ______________________

2/ D U G E V E R A S A ______________________

3/ O E R U R E T A T U ______________________

Activité 11 : Ecoutez phrase par phrase et complétez. Puis réécoutez l'ensemble pour vérifier

Chère Joséphine,

Je t'envoie une ph__t__ de mes meill___rs amis. Arnaud est pr__fess___r ___ lycée, il parle espagn__l et il a vingt-n___f ans. Bruno a vingt-d___x ans, il est ch__ff___r de taxi, mais il v___t être h__mme d'affaires. Aurélie est h__tesse de l'air, elle a p___ de temps libre. Sur la ph__t__, nous s__mmes ___x Etats-Unis. C'est un b____ pays.
A bient__t

Ton amie Caroline

Activité 12 : Verlan. Devinez les professions

Exemples : fleuriste → fleu/riste → ristefleu
chauffeur → chau/ffeur → ffeurchau

1. deurven→ ________________
2. veuseser→ ________________
3. ffeurcoi→ ________________
4. tessehô→ ________________
5. teurdoc→ ________________

Verlan est le cryptage des mots à l'envers (vers-l'en) utilisé par des jeunes français depuis les années 1970. Pour obtenir un mot en verlan, on inverse les syllabes du mot.

Activité 13 : Mots croisés. Ecoutez et écrivez les mots

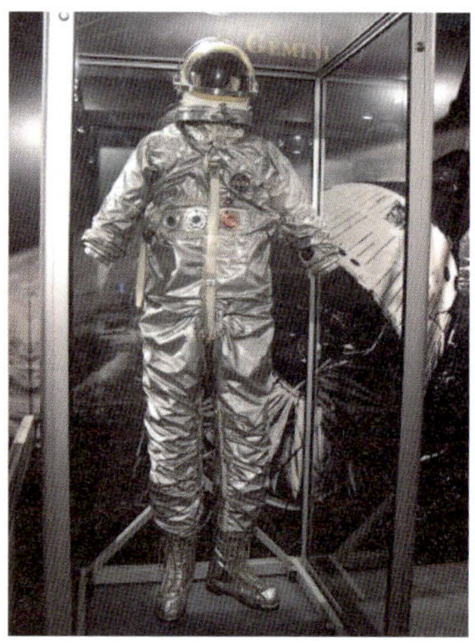

a _ _ _ _ _ _ _ _ _ _

Je découvre le rythme et la mélodie

Activité 14 : Ecoutez et marquez les liaisons et les enchaînements consonantiques. Puis marquez les syllabes recomposées

Lucie est_étudiante. Elle_habite_à Paris. Elle a deux amis : Ricardo et Benito. Ricardo est mexicain, il a vingt-deux ans et il est étudiant en médecine. Il voudrait devenir médecin et travailler dans un hôpital au Mexique. Benito est italien. Il a vingt-quatre ans et il étudie le droit à Paris. Il rêve d'épouser une riche et belle parisienne et de s'installer à Paris pour toujours.

Lucie est étudiante

Activité 15 : Ecoutez et marquez

- **les consonnes finales qui ne se prononcent pas**
- **les consonnes finales qui se prononcent**

Eric est parisien

Lucie habite à Paris mais elle vient d'Aix-en-Provence. Eric, son meilleur ami, est aussi parisien. Tous les deux étudient dans la même université. Eric suit des cours de russe à l'université et pour mieux apprendre la langue, il parle russe avec son copain Boris. L'été prochain, il voudrait faire un stage linguistique à Moscou et visiter la Russie.

Activité 16 : Ecoutez, marquez les groupes rythmiques et les courbes de lecture. Lisez

Eric est amoureux de Camille.// Elle habite près de chez lui. Son père est suisse et sa mère est française. Ils habitent à Locarno, en Suisse. Camille est bilingue, elle parle français et italien. Elle étudie l'arabe à l'université à Paris. La meilleure amie de Camille s'appelle Angéla, elle est espagnole et son ami Aziz vient d'Algérie. La famille d'Angéla habite à Barcelone, en Espagne, et les parents d'Aziz habitent à Alger. Ahmed, le frère d'Aziz, fait ses études à Nantes.

Activité 17 : Ecoutez et dessinez les courbes d'intonation. Jouez

- Lucie, le garçon là-bas, c'est qui ?
- Aziz, un étudiant algérien. Il étudie à Paris. Il va au cours d'anglais avec moi.
- Ah, c'est Aziz ! Je connais bien Angéla, sa copine.
- Moi aussi. Angéla est espagnole. Elle va souvent à Barcelone voir sa famille.
- Et les parents d'Aziz habitent où ?
- A Alger. Mais Ahmed, son frère, étudie à Nantes.

Activité 18 : Ecoutez et cochez. L'intonation est montante ou descendante ?

Exemples : Où habitent tes parents ? Quelle est ta nationalité ?

Tu parles quelles langues étrangères ? Tu viens d'où ?

	1.	2.	3.	4.	5.	6.	7.	8.	9.	10.
↗										
↘										

Si le terme interrogatif se trouve au début de la phrase, l'intonation est généralement descendante.

Si le terme interrogatif se trouve au milieu ou à la fin de la phrase, l'intonation est souvent montante.

Activité 19 : Quel son entendez-vous dans les liaisons ou les enchaînements ? Ecoutez et cochez. Il a quel âge ?

Exemple 1. deux_ z _ an

	1.	2.	3.	4.	5.	6.	7.	8.	9.	10.
[n]										
[z]	**X**									
[R]										
[k]										
[t]										
[v]										

Activité 20 : Ecoutez et marquez les syllabes accentuées (accent d'insistance). Jouez

L'accent d'insistance porte sur la première syllabe du mot important.

(1)

- Vous êtes chinoise ?
- Non, je suis japonaise.

- Vous êtes journaliste ?
- Non, je suis architecte.

- Vous habitez à Paris ?
- Non, j'habite à Bordeaux.

- Vous venez d'Allemagne ?
- Non, je viens d'Autriche.

(2)

- Vous parlez bien anglais ?
- Non, je ne parle pas bien anglais.

- Vous êtes français ?
- Non, je ne suis pas français.

- Vous êtes médecin ?
- Non, je ne suis pas médecin.

- Vous connaissez les Duval ?
- Non, je ne connais pas les Duval.

(3)

- Il vient d'Irlande ?
- Mais non ! Il vient d'Islande !

- Il a un chien, je pense.
- Non, il a deux chiens

- Il est médecin ?
- Non, pas du tout ! Il est avocat.

Je joue avec la langue

Activité 21 : Ecoutez et chantez

Au clair de la lune,
mon ami Pierrot,
Prête-moi ta plume,
pour écrire un mot.
Ma chandelle est morte,
je n'ai plus de feu.
Ouvre-moi ta porte,
pour l'amour de Dieu.

Activité 22 : Dialogue de sourds. Jouez

1.
- Mon père est policier.
- Pardon ? Votre père est épicier?
- Mais non ! Il est po-li-cier !

2.
- Ma mère est serveuse.
- Pardon ? Votre mère est nerveuse ?
- Mais non ! Elle est ser-veuse !

3.
- Mon père est facteur.
- Pardon ? Votre père est acteur ?
- Mais non ! Il est fac-teur!

4.
- Ma mère est esthéticienne.
- Pardon ? Votre mère est électricienne ?
- Mais non ! Elle est es-thé-ti-cienne !

Activité 23 : Allographes. Trouvez les prénoms

M A

É 1000 I

R V

G 6 K

Emilie
Didier
Emma
Hervé
Jessika
Vincent
Hélène

L N

20 100

10 10É

Je communique

Lucie s'intéresse à Boris.

Activité 24 : Ecoutez le dialogue et

- **colorez les sons [O] et [Œ]**
- **marquez les liaisons et enchaînements**
- **entourez les consonnes finales prononcées**

Lucie : Il a quel âge, ton ami Boris ?
Eric : Il a vingt-neuf ans. Pourquoi ?
Lucie : Comme ça, ... juste pour savoir...
Eric : C'est mon meilleur ami.

Lucie : Quelle est sa profession ?
Eric : Il est traducteur.
Lucie : Il habite où ?
Eric : Rue Pasteur, près de l'Opéra.
Lucie : Il a une copine ?
Eric : Oui, elle s'appelle Eugénie, elle est coiffeuse.
Lucie : Oh, quel dommage !
Eric : Mais ... tu es amoureuse ?!

Activité 25 : Ecoutez le dialogue et

- **marquez les groupes rythmiques**
- **entourez les syllabes accentuées**
- **dessinez les courbes d'intonation**

Lucie : Il a quel âge, ton ami Boris ?
Eric : Il a vingt-neuf ans. Pourquoi ?
Lucie : Comme ça, ... juste pour savoir...

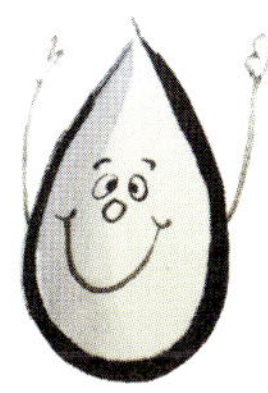

Eric : C'est mon meilleur ami.
Lucie : Quelle est sa profession ?
Eric : Il est traducteur.
Lucie : Il habite où ?
Eric : Rue Pasteur, près de l'Opéra.
Lucie : Il a une copine ?
Eric : Oui, elle s'appelle Eugénie, elle est coiffeuse.

Lucie : Oh, quel dommage !
Eric : Mais ... tu es amoureuse ?!

Mémorisez et jouez

Unité 5

Mon cousin a trois enfants

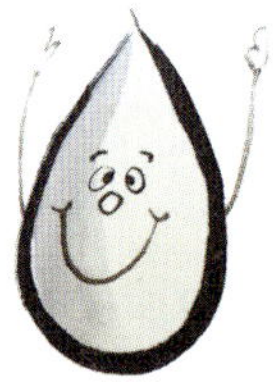

Je découvre les sons [ã], [ɛ̃], [ɔ̃]

Activité 1 :

Ecoutez le poème et la chanson

https://youtu.be/_029_qpZoGM

Charles Baudelaire
(1821-1867)

Le serpent qui danse

Que j'aime voir, chère indolente,
De ton corps si beau,
Comme une étoffe vacillante,
Miroiter la peau !

Sur ta chevelure profonde
Aux âcres parfums,
Mer odorante et vagabonde
Aux flots bleus et bruns,
Comme un navire qui s'éveille
Au vent du matin,
Mon âme rêveuse appareille
Pour un ciel lointain.

Poème de Charles Baudelaire
Chanté par Serge Gainsbourg

Activité 2 : Regardez la vidéo, articulez

[a]: l'air passe par la bouche

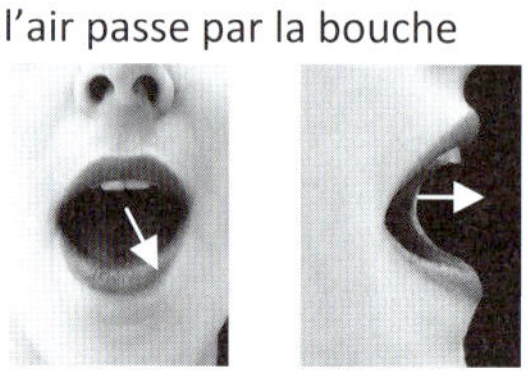

[ã]: l'air passe par la bouche et par **le nez**

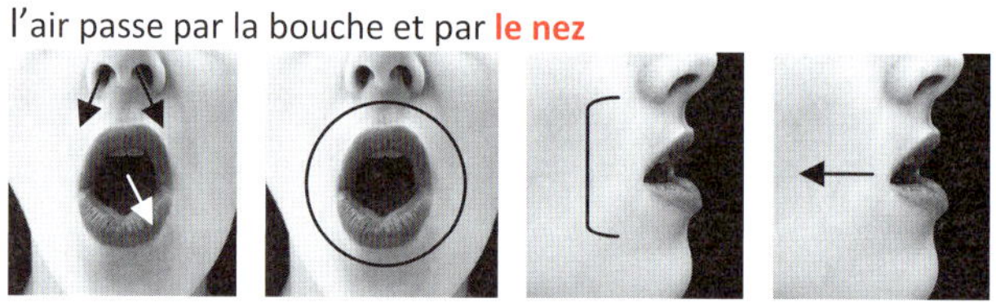

lèvres arrondies — muscles peu tendus — langue en arrière

[ɛ̃]: l'air passe par le nez et par la bouche

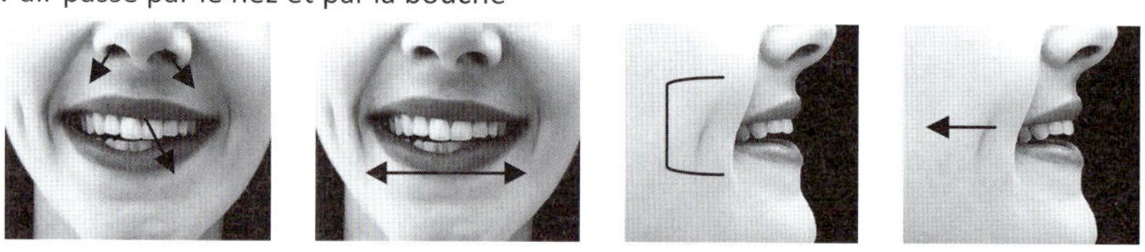

lèvres écartées — muscles tendus — langue en arrière

[ɔ̃]: l'air passe par le nez et par la bouche

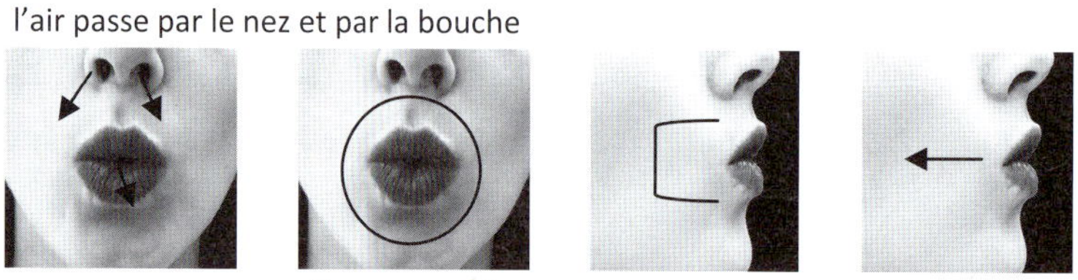

lèvres arrondies — muscles tendus — langue en arrière

Je prononce les sons [ã], [ɛ̃], [ɔ̃]

Activité 3 : Ecoutez et répétez

[ã]	–	[ɛ̃]	–	[ɔ̃]
Tant	–	thym	–	thon
Banc	–	bain	–	bon
Sang	–	sein	–	son
vent	–	vin	–	vont
ment	–	main	–	mon
dent	–	daim	–	dont
pan	–	peint	–	pont
lent	–	lin	–	long
rang	–	rein	–	rond
pendre	–	peindre	–	pondre
tendre	–	teindre	–	tondre
fendre	–	feindre	–	fondre
cousant	–	cousin	–	cousons
plantant	–	plantain	–	plantons
pense	–	pince	–	ponce

[ɛ̃] – [œ̃]

brin – brun
lin – l'un
Alain – alun
Agen – à jeun

Mon cousin a vingt ans.
Il apprend l'allemand à Berlin.
Ma tante Francine a soixante ans.
J'ai un copain américain.
Fernando habite en France.
Mon oncle travaille dans une banque.
Alain est étudiant.
Simon est un bon garçon.
Je ne comprends pas.
Lundi, j'ai un cours de coréen.

Activité 4 : Boule de neige

Demandez de répéter ce qu'a dit le joueur précédent et d'ajouter un mot. Demandez de prolonger les syllabes qui contiennent une voyelle nasale.

Mon tonton Laurent
Mon tonton Laurent *apprend l'allemand*.
Mon tonton Laurent apprend l'allemand *avec Benjamin Legrand.*
Mon tonton Laurent apprend l'allemand avec Benjamin Legrand *dont les parents sont allemands.*
Mon cousin Martin
Mon cousin Martin *apprend le latin*.
Mon cousin Martin apprend le latin *à Verdun*.
Mon cousin Martin apprend le latin à Verdun *pour passer un examen*.
Mon cousin Martin apprend le latin à Verdun pour passer un examen *l'an prochain*.

J'écoute les sons [ã], [Ẽ], [ɔ̃]

Puisque les locuteurs natifs font peu de différence entre les phonèmes [ɛ̃] et [œ̃], nous les avons remplacés par l'archiphonème [Ẽ], plus accessible pour les apprenants débutants.

Activité 5 : Deux mots identiques ou deux mots différents ?

Exemple : 1. banc – bain, 2. son – son

	1	2	3	4	5	6	7	8	9	10
identiques		X								
différents	X									

Activité 6 : le son [ã] ou le son [Ẽ] ?

Exemple : 1. étang, 2. Pékin

	1	2	3	4	5	6	7	8	9	10
[ã]	X									
[ɛ̃]		X								

Activité 7 : le son [ã] ou le son [ɔ̃] ?

Exemple : 1. partons, 2. sept ans

	1	2	3	4	5	6	7	8	9	10
[ã]		X								
[ɔ̃]	X									

Activité 8 : le son [Ẽ] ou le son [ɔ̃] ? Dans quelle syllabe ?

Exemple : 1. assassin

	1e syllabe		2e syllabe		3e syllabe	
	[ɛ̃]	[ɔ̃]	[ɛ̃]	[ɔ̃]	[ɛ̃]	[ɔ̃]
1					X	
2						
3						
4						
5						
6						
7						
8						
9						
10						

J’écris les sons [ã], [Ẽ], [ɔ̃]

Activité 9 : Ecoutez l’enregistrement lent et colorez les sons [ã], [Ẽ], [ɔ̃]. Comment on écrit ces sons ? Réécoutez l’enregistrement à vitesse naturelle

Les parents d’Eric habitent à Nantes. Son père travaille dans une banque et sa mère est vendeuse dans un magasin de vêtements. Alain, l’oncle d’Eric, est le frère de son père. Il habite à Londres. La femme d’Alain, Clémence, est la tante d’Eric. Elle est employée dans une grande entreprise. Alain et Clémence ont un enfant. Il a cinq ans.

Comment on écrit le son [Ẽ]?

____ , ____ , ____

Exemples :

____

____

On écrit le son [Ẽ] aussi : im, aim, ein, eim, yn, ym, um

Exemples :

timbre, faim, plein, Reims, syndicat, symbole, parfum

Mais : [ɔ]

Un verre de rhum guérit mon rhume.

On écrit le son [Ẽ] aussi : é+en, i+en

Exemples :

coréen, lycéen, musicien, tu viens

Comment on écrit le son [ã] ?

____ , ____ , ____

Exemples :

____

____

____

____

____

____

On écrit le son [ã] aussi : am

Exemples :

tampon, ramper, jambon

Comment on écrit le son [ɔ̃]?___

Exemples :

____

____

On écrit le son [ɔ̃] aussi : om

Exemples : nombre, pompe

Activité 10 : Ecoutez phrase par phrase et complétez. Puis réécoutez l'ensemble pour vérifier

Je m'appelle Vincent, j'ai v___gt ___s et je suis étudi___t. Je voudrais devenir musicien et donner des c___certs partout d___s le m___de. Mais mes par___ts ne s___t pas d'accord. M___ père est boul___ger et ma mère est médec___. Ma sœur a qu___ze ans et elle voudrait être ___firmière.

«Voilà d'excell___tes professi___s ! Les g___s qui f___t de la musique ne s___t pas sérieux », dit m___ père.

Activité 11 : Lettres mêlés. Ecoutez pour trouver les fruits et les légumes

1. A B E C M O LA R ____________________
2. N T O I R P O ____________________
3. S E M U P O M A S P E L ____________________
4. N O C E C B R OM ____________________
5. G E A N O R ____________________
6. I N A R I S ____________________

Activité 12 : Ecoutez et écrivez les nombres en toute lettre

25 : v___gt-c___q
15 : qu___ze
11 : ___ze
31 : tr___te et ___
40 : quar___te

61 : soix___te et ___
91 : quatre- v___gt-___ze
55 : c___qu___te-c___q
100 : c___t
71 : soix___te et ___ze

Je découvre le rythme et la mélodie

Activité 13 : Ecoutez l'intonation, répétez, puis dessinez les courbes

- Eric, quel est ton numéro de téléphone ?
- C'est le 06 12 23 37 44.

06 zéro-six // 12 douze // 23 vingt-trois // 37 trente-sept // 44 quarante-quatre

- Et toi, Lucie, quel est ton numéro de téléphone ?
- C'est le 06 73 82 59 15.

06 zéro six 73 soixante-treize 82 quatre-vingt-deux 59 cinquante-neuf 15 quinze

Activité 14 : La famille de Lucie. Ecoutez et marquez :

- les liaisons
- les enchaînements vocaliques
- les enchaînements consonantiques

Le père de Lucie_est_ingénieur, il travaille pour_une grosse entreprise de construction. Sa mère est professeur d'anglais dans un lycée. Ils habitent à Aix-en-Provence. Lucie a une petite sœur et un grand frère. Sa sœur Mélanie a dix-neuf ans et elle est étudiante. Le grand-frère de Lucie s'appelle Auguste et il a trente ans. Il est marié, sa femme Caroline est coiffeuse et elle travaille dans un salon de coiffure à Paris. Auguste est mécanicien, il répare les voitures dans un garage en banlieue parisienne. Ils ont deux enfants, Corine et Justin.

Activité 15 : La famille de Lucie. Ecoutez, découpez les phrases en syllabes et marquez les syllabes recomposées

1. Mon/pè/re es /t in/gé/nieur.
2. Ma mère est professeur dans un lycée.
3. Ils habitent à Aix-en-Provence.
4. Ma sœur a dix-neuf ans, elle est étudiante.
5. Mon grand-frère s'appelle Auguste.
6. Il a trente ans et il est marié.

Ils habitent à Aix-en-Provence

Activité 16 : Ecoutez pour marquer les groupes rythmiques et les syllabes accentuées (accent rythmique)

Les grands frères d'E[ric], // [Marc] et Ro[bert], // sont encore céliba[taires]. // Marc a une copine, mais elle habite loin de chez lui. Alors, ils ne se voient pas souvent. La petite amie de Robert est hôtesse de l'air, elle est toujours en voyage et Robert est triste. Eric a beaucoup d'amies, mais il n'a pas de copine. Il est amoureux de Camille.

Activité 17 : Ecoutez encore une fois et marquez les courbes de lecture. Puis lisez à voix haute

Les grands frères d'Eric, Marc et Robert, sont encore célibataires. Marc a une copine, mais elle habite loin de chez lui. Alors, ils ne se voient pas souvent. La petite amie de Robert est hôtesse de l'air, elle est toujours en voyage et Robert est triste. Eric a beaucoup d'amies, mais il n'a pas de copine. Il est amoureux de Camille.

Activité 18 : Ecoutez le dialogue et colorez le « s » du pluriel qui ne se prononce pas et le « s » prononcé comme [z] grâce à la liaison

- Tu as des frères et des sœurs, Eric ?
- Oui, j'ai deux grands frères, Marc et Robert.
- Ils ont quel âge ?
- Marc a 27 ans et Robert a 30 ans.
- Ils sont mariés, tes frères ?
- Non, ils sont encore célibataires.
- Mon grand frère est déjà marié.
- Il a des enfants ?
- Oui, Corine et Justin, mais leurs parents les appellent Coco et Juju.

Liaisons obligatoires usuelles :
ils, elles, vous, nous, des, les, ces, mes, tes, ses, nos, vos, leurs, quels, quelles, quelques

Activité 19 : Ecoutez et marquez les syllabes accentuées (accent d'insistance)

Mon grand-père a 90 ans !

Il est super, ton copain !
Elle parle très bien coréen.
Mon grand-père a quatre-vingt-dix ans !
J'aime beaucoup mes parents.
J'ai un excellent professeur d'anglais.
Est-ce que tu connais un bon mécanicien ?
Je travaille dans une grosse entreprise.

Activité 20 : Ecoutez le message sonore de Caroline. Marquez les syllabes accentuées (accent rythmique, accent d'insistance)

Salut Lucie, c'est Caroline. Je t'appelle pour te demander un tout petit service. Voilà, Corine est malade et elle doit absolument rester au lit. Et Justin, tu le connais ! Il ne veut pas aller à l'école maternelle sans sa sœur. Auguste et moi, nous sommes très occupés en ce moment, en plus, ma mère, qui garde nos enfants d'habitude, est en voyage ! Imagine la galère ! Tu n'es pas en période d'examens, j'espère! Tu pourrais venir chez nous demain matin ? Mais très tôt, s'il te plaît, vers six heures. Merci de me rappeler le plus vite possible.

Activité 21 : Dialogue de sourds au téléphone. Ecoutez et jouez en imitant l'intonation

A : Allo ? Je ne t'entends pas !
B : Ah bon ? Tu m'entends maintenant ?
A : Oui, je t'entends un peu mieux.
B : Je pars en Provence.
A : Tu pars où ?
B : Je pars en Provence, en France !
A : Ah, tu pars en France. Tu pars quand ?
B : La semaine prochaine.
A : Quand ? Je ne t'entends pas !
B : La semaine prochaine !
A : Ah ! Alors, bon voyage !

Je joue avec la langue

Activité 22 : Ecoutez et chantez

Vent frais, vent du matin
Vent qui souffle
au sommet des grands pins
Joie du vent qui souffle
Allons dans le grand...
(Canon 3 voix)

Activité 23 : Jeux de mots. Ecoutez et divisez en syllabes. Répétez

Mon frère et ma sœur.
Mon frère est masseur.

C'est ouvert.
C'est tout vert.

Les petits pois sont verts,
les petits poissons rouges.

Activité 24 : Jeu demarabout syllabique. Trouvez la chaîne de mots

longtemps → tampon

manteau, pèlerin, randonnée, sévèrement, torrent, rincer, pomper, naissance

Jeu du marabout :
la syllabe finale d'un mot devient la syllabe initiale d'un autre mot.

Activité 25 : Chanson du marabout (https://www.youtube.com/watch?v=WZR5xoESv7o)

«Trois p'tits chats, trois p'tits chats, trois p'tits chats, chats, chats,
Chapeau d'paille, chapeau d'paille, chapeau d'paille, paille, paille,
Paillasson, paillasson, paillasson, -son, -son,
Somnambule, somnambule, somnambule, -bule, -bule,
Bulletin, bulletin, bulletin, -tin, -tin,
Tintamarre, tintamarre, tintamarre, -marre, -marre,
Marabout, marabout, marabout, -bout, -bout,
Bout d'cigare, bout d'cigare, bout d'cigare, -gare, -gare, ... »

Je communique

Lucie et Eric parlent de leurs cousins.

Activité 26 : Ecoutez le dialogue et

- **colorez les sons [ã], [Ẽ], [ɔ̃]**
- **marquez les liaisons et les enchaînements**
- **entourez les consonnes finales prononcées**

Eric : Lucie, ta tante et ton oncle, ils habitent où ?

Lucie : A Besançon, dans le quartier Saint-Jean.

Eric : Ils ont des enfants ?

Lucie : Oui, Blanche et Vincent.

Eric : Tu vois souvent ta cousine et ton cousin ?

Lucie : Non, peut-être trois fois par an.

Eric : Moi aussi, j'ai un cousin.

Lucie : Il s'appelle comment ?

Eric : Romain, il a vingt-cinq ans, il est grand et beau !

Lucie : Oh, Eric, je voudrais rencontrer ton cousin!

Activité 27 : Ecoutez le dialogue et

- **marquez les groupes rythmiques**
- **entourez les syllabes accentuées**
- **dessinez les courbes d'intonation**

Eric : Lucie, ta tante et ton oncle, ils habitent où ?

Lucie : A Besançon, dans le quartier Saint-Jean.

Eric : Ils ont des enfants ?

Lucie : Oui, Blanche et Vincent.

Eric : Tu vois souvent ta cousine et ton cousin ?

Lucie : Non, peut-être trois fois par an.

Eric : Moi aussi, j'ai un cousin.

Lucie : Il s'appelle comment ?

Eric : Romain, il a vingt-cinq ans, il est grand et beau.

Lucie : Oh, Eric, je voudrais rencontrer ton cousin!

Mémorisez et jouez.

Unité 6

Ma fille est petite aux cheveux bruns

Je découvre les sons [v], [f], [b], [p]

Activité 1 : Ecoutez le poème et la chanson

https://youtu.be/9be8nAPZbgE

Alfred de Musset
(1810 – 1857)

Honte à toi qui la première
M'as appris la trahison,
Et d'horreur et de colère
M'as fait perdre la raison !
Honte à toi, femme à l'œil sombre,
Dont les funestes amours
Ont enseveli dans l'ombre
Mon printemps et mes beaux jours !

Poème d'Alfred de Musset
Chanté par Serge Gainsbourg

Activité 2 : Regardez la vidéo. Ecoutez et répétez

[v]:

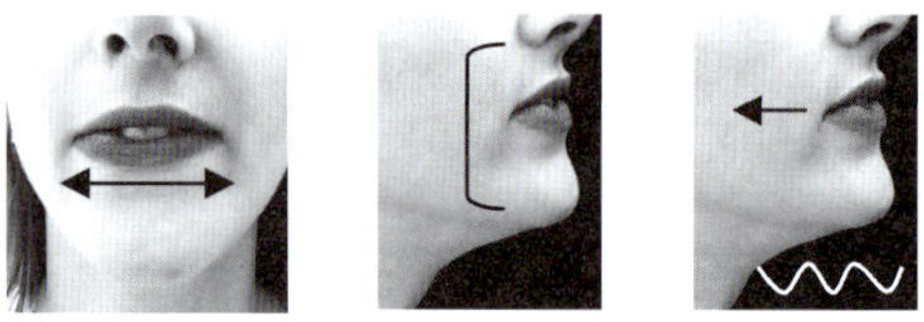

lèvres écartées — muscles relâchés — langue en arrière avec vibration

[f]:

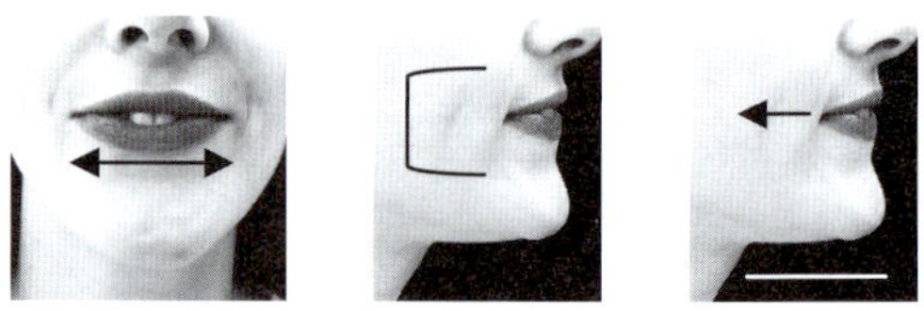

lèvres écartées — muscles tendus — langue en arrière sans vibration

[b]:

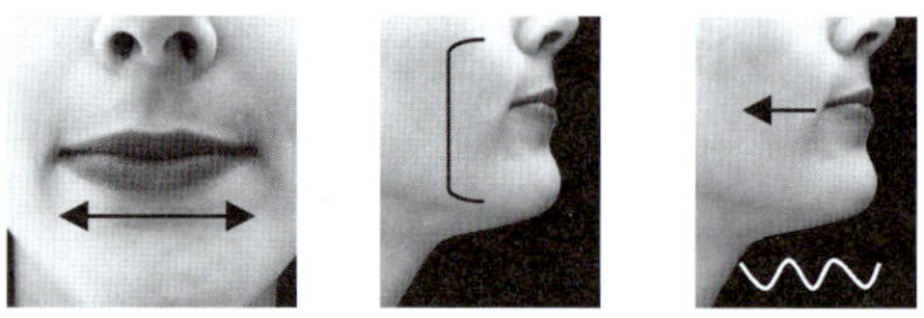

lèvres écartées et collées — muscles relâchés — langue en arrière avec vibration

[p]:

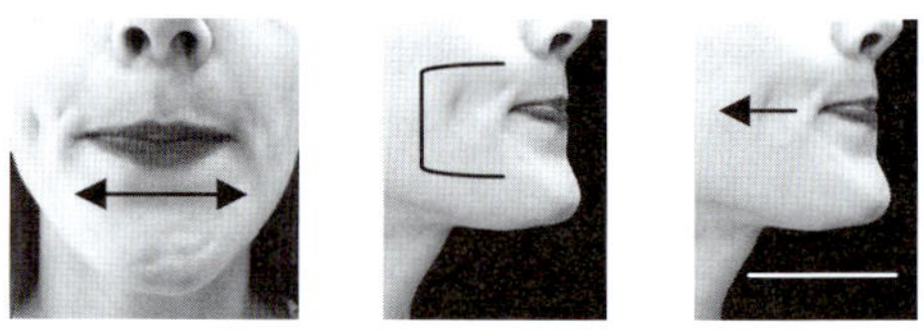

lèvres écartées et collées — muscles tendus — langue en arrière sans vibration

Je prononce les sons [v], [f], [b], [p]

Activité 3 : Ecoutez et répétez

[b] – [v]	[p] – [b]	[v] – [f]	[p] – [f]
Beau – veau	pot – beau	vous – fou	pile – file
bu – vu	pain – bain	vin – faim	près – frais
boue – vous	peur – beurre	vis – fils	Paul – folle
bœufs – vœux	planche – blanche	vol – folle	pierre – fier
banc – vent	prune – brune	vendre – fendre	poudre – foudre
cube – cuve	pierre – bière	grave – graphe	dépôt – défaut
habit – avis	capot – cabot	Prévert – préfère	lapin – la faim
rabbin – ravin	départ – des bars	Séville – ses filles	la paire – l'affaire

Je t'envoie des bisous de Pékin.
Fernando habite à Barcelone, en Espagne.
Patricia est souvent de bonne humeur.
Mon grand-père porte une barbe.
Le frère de François est petit, mais fort.
Sa copine est blonde et bavarde.
Valérie vient d'Aix-en-Provence.
Le père de Sophie est photographe.

Patricia est souvent de bonne humeur.

Activité 4 : Vire-langues

Organisez un concours : qui parlera le plus vite sans se tromper ?

Pauline, belle brune, a perdu son porteplume.

Le beau bébé de Babette boit son biberon.

Flavien, fervent fan de foot, vient voir son footballeur favori.

J'écoute les sons [v], [f], [b], [p]

Activité 5 : le son [b] ou le son [v] ?

Exemple : 1. cabaret, 2. découvrir

	1	2	3	4	5	6	7	8	9	10
[b]	X									
[v]		X								

Activité 6 : le son [b], puis le son [p] ? / le son [p], puis le son [b] ?

Exemple : 1. bon pain, 2. poubelle

	1	2	3	4	5	6	7	8	9	10
[b] [p]	X									
[p] [b]		X								

Activité 7 : le son [v], le son [f], le son [b] ou le son [p] ?

Exemple : 1. effacer, 2. travailler

	1	2	3	4	5	6	7	8	9	10
[v]		X								
[f]	X									
[b]										
[p]										

Activité 8 : le son [v] ou le son [f] ? Dans quelle syllabe ?

Exemple : 1. bénévole

	1e syllabe		2e syllabe		3e syllabe	
	[v]	[f]	[v]	[f]	[v]	[f]
1					X	
2						
3						
4						
5						
6						
7						
8						
9						
10						

J'écris les sons [v], [f], [b], [p]

Activité 9 : Ecoutez l'enregistrement lent et colorez les sons [v], [f], [b], [p]. Comment on écrit ces sons ? Réécoutez l'enregistrement à vitesse naturelle

Lucie aime beaucoup son oncle Philippe. C'est le frère de son père. Elle aime aussi sa cousine Stéphanie. Elle est blonde aux yeux bleus et plus bavarde qu'elle. Elle habite chez ses parents à Aix-en-Provence. Elle fait sa première année d'études à la fac de pharmacie et elle passe ses journées à la bibliothèque. Elle apprend aussi le vietnamien, mais c'est difficile pour elle.

Comment on écrit le son [v] ? ___

Exemples :

____

On écrit le son [v] aussi : w

Exemple : wagon

Comment on écrit le son [f] ?

___ , ___ , ___

Exemples :

____

____

____

Comment on écrit le son [b] ? ___

Exemples :

____

____

____

On écrit le son [b] aussi : bb

Exemples : abbé, sabbatique

Comment on écrit le son [p] ?

___ , ___

Exemples :

____

____

____

____

Activité 10 : Ecoutez et complétez

Consonnes simples ou doubles ?

Exemple : J'a**pp**rends l'es**p**agnol.

1. Mon cousin s'a___elle ___atrick.
2. Mon ___rère est coi___eur.
3. L'arabe, c'est ___acile ou di___icile ?
4. Al___ert prend une année sa___atique.

Activité 11 : Ecoutez et complétez : « ph », « f » ou « ff » ?

la ___emme au ___oyer
l'homme ___ort et agressi___
le salon de coi ___ure
la ___otogra ___ie
l'A___rique
l'orthogra___e
les ___ilippines
le ___acteur

la ___armacie
l'in ___irmière
la pro ___ession
l'homme d'a ___aires
le saxo ___one
dix-neu ___
le ca ___é
l'al___abet

Activité 12 : Ecoutez phrase par phrase et complétez. Puis réécoutez l'ensemble pour vérifier

Je m'a____elle ___a___ette. Je ne suis ___as ___rançaise, je suis ___elge. J'ai un ___etit ami. Il est grand et ___ort aux yeux ___leus. Il ___orte une ___ar___e. Il est ___acteur et moi, je tra___aille dans un salon de coi____ure. Je ___arle ___ien es___agnol et un ___eu ___ortugais. Je rê___e de ___oyager en Boli___ie. Et ___ous ? Quel ___ays ___oulez-__ous ___isiter ?

Activité 13 : Le pendu. Ecoutez et devinez le mot lettre par lettre

a à â b c d e
é è ê f g h I î
j k l m n o ô
p q r s t u ù
û v w x y z

1. _ _ _ _ _ _ _ _
2. _ _ _ _ _ _ _ _ _
3. _ _ _ _ _ _ _ _ _ _ _ _ _ _ _

Je découvre le rythme et la mélodie

Activité 14 : *Elle entend mal / Il prononce mal.* Ecoutez et répétez en imitant l'accent d'insistance

Exemple :
- Je suis Hippolyte.
- Pardon ? Vous êtes hypocrite ?
- Non ! Je m'appelle Hi –ppo – lyte !

1.

- Je suis autrichienne.
- Pardon ? Vous avez une chienne ?
- Non ! Je suis autrichienne !

2.

- Mon grand-père a quatre-vingt-deux ans.
- Pardon ? Il a quatre-vingts faisans ?
- Non ! Il a quatre-vingts-deux ans.

Activité 15 : Ecoutez et colorez la dernière syllabe des adjectifs au masculin et au féminin. Réécoutez et répétez

1.
- Eric est petit, mais son père est grand.
- Et la mère d'Eric, elle est grande aussi?
- Non, elle n'est pas grande, elle est petite.

> Le « e » final de l'adjectif au féminin fait prononcer la consonne qui le précède.

2.
- Lucie est mince, mais son père est gros.
- Et la mère de Lucie, elle est grosse aussi ?
- Non, elle n'est pas grosse, elle est mince.

> Certains adjectifs portent un « e » final au masculin, la prononciation ne change pas au féminin.

3.
- Eric est gentil, mais son père est sévère.
- Et la mère d'Eric, elle est sévère aussi ?
- Non, elle n'est pas sévère, elle est gentille.

4.
- Lucie est studieuse, mais sa sœur Mélanie est paresseuse.
- Et son frère Auguste est paresseux, lui aussi ?
- Non, il n'est pas paresseux, il est travailleur.

> Changement de la consonne finale au féminin :
> [Œ]→[Œz] / [ŒR]→ [Œz]

Activité 16 : Ecoutez l'exemple, puis parlez

Exemple : - Il est bavard. Et elle ?

- Elle aussi est bavarde.

beau / belle
laid / laide
souriant / souriante
gentil / gentille
moqueur / moqueuse
courageux / courageuse

Elle est courageuse.

Activité 17 : Ecoutez, marquez les groupes rythmiques et les courbes d'intonation. Réécoutez et répétez

1. - Lucie, comment est ta mère ?
   - Elle est petite et mince, elle a les yeux marron et les cheveux noirs. Elle porte des lunettes. Elle est gentille, intelligente et bavarde.

2. - Eric, comment est ton père ?
   - Il est plus grand que moi, aux yeux bleus et aux cheveux châtain. Il porte une barbe, il est sévère, travailleur et courageux.

3. - Lucie, comment est ta sœur ?
   - Elle est plus petite et plus grosse que moi. Ses cheveux sont longs et blonds, ses yeux sont verts. Elle est moins bavarde que moi.

Activité 18 : Ecoutez et marquez

- **Le « s » final non prononcé**
- **Le « s » final prononcé grâce à la liaison.**

Le « s » du pluriel de l'adjectif et du substantif ne se prononce pas.

Les frères d'Eric sont grands et forts, ils ont les yeux gris et les cheveux bruns. Marc est plus intelligent que Robert, mais Robert est plus travailleur. Ils sont plombiers, ils ont beaucoup de travail, alors, ils sont très occupés. Ils sont célibataires et ils habitent la même ville.

Activité 19 : Ecoutez à plusieurs reprises et marquez

- **les groupes et les accents rythmiques**
- **les courbes de lecture**
- **les liaisons et les enchaînements**
- **les consonnes finales qui se prononcent**

Je m'appelle Agathe et j'ai vingt et un ans. Je suis française et je viens de Lille. Je suis étudiante, je fais mes études à Paris. J'habite un petit studio près de la Tour Eiffel. Ma mère est française, mais mon père est allemand. Je parle allemand et j'ai quelques amis en Allemagne. Ma grande sœur Véronique parle mieux anglais qu'allemand. Elle fait ses études à Londres. Son copain est anglais, il est gentil et très amoureux ! Moi, je n'ai pas de petit ami. Je suis petite et ronde, les garçons n'aiment pas ça !

Activité 20 : Lisez le texte ci-dessus à voix haute

Activité 21 : Ecoutez la phrase et cochez le ton qui convient

Exemple :

Emilie, elle vient aussi ?	[2] Il n'est pas très content. [1] Il est surpris.
Regarde mes cheveux !	☐ Elle se trouve belle. ☐ Elle se trouve laide.
Je suis encore célibataire.	☐ Il n'est pas content. ☐ Il est joyeux.
Elle est mignonne, ta copine ?	☐ Elle est jalouse. ☐ Elle est intéressée.
Ah, ma mère m'appelle !	☐ Elle est contente. ☐ Elle n'est pas contente.

Le ton se manifeste par une variation de la hauteur et de la force de la voix au cours de l'articulation des mots. En français, le ton sert à exprimer des sentiments.

Je joue avec la langue

Activité 22 : Ecoutez et chantez « *Dansons la capucine* »

Dansons la capucine
Y'a plus de pain chez nous
Y'en a chez la voisine
Mais ce n'est pas pour nous.
(Y'a pas de vin), **(Y'a pas de feu)**

Dansons la capucine
Y'a du plaisir chez nous
On pleure chez la voisine
On rit toujours chez nous.

Activité 23 : Ecoutez et reliez les syllabes. Complétez les noms des animaux

p_ _ _ _ _ _ _

s _ _ _ _ _ _

p _ _ _ _ _ _

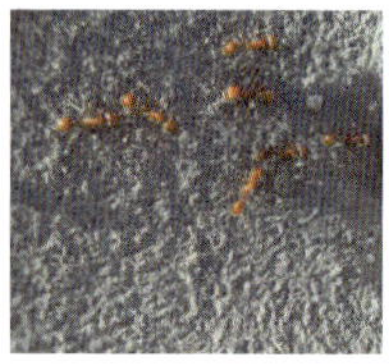
f _ _ _ _ _

g_ _ _ _ _

f_ _ _ _ _ _

c_ _ _ _ _

t _ _ _ _ _

pin	sson
ser	mant
poi	mi
four	val
gi	tuego
fla	gouin
che	pent
tor	rafe

Activité 24 : Trouvez les noms des animaux. Reliez et coloriez les syllabes

phant li be li
lope llule ti é
can lé pé an

Je communique

Lucie et Eric parlent de leur famille.

Activité 25 : Ecoutez le dialogue et

- **colorez les sons [v], [f], [b], [p]**
- **marquez les liaisons et enchaînements**
- **entourez les consonnes finales prononcées**

Lucie : Regarde la photo, Eric.

Eric : C'est ta famille ?

Lucie : Oui, mon père, ma mère et mon frère.

Eric : Elle est petite, ta mère.

Lucie : Oui, elle est plus petite que moi.

Eric : Et ton frère, il a quel âge ?

Lucie : Il a vingt-neuf ans. Il est fort et sportif.

Eric : Qu'est-ce qu'il fait dans la vie ?

Lucie : Il est footballeur professionnel.

Eric : Quel bonheur de taper dans le ballon...

Activité 26 : Ecoutez le dialogue et

- **marquez les groupes rythmiques**
- **entourez les syllabes accentuées**
- **dessinez les courbes d'intonation**

Lucie : Regarde la photo, Eric.

Eric : C'est ta famille ?

Lucie : Oui, mon père, ma mère et mon frère.

Eric : Elle est petite, ta mère.

Lucie : Oui, elle est plus petite que moi.

Eric : Et ton frère, il a quel âge ?

Lucie : Il a vingt-neuf ans. Il est fort et sportif.

Eric : Qu'est-ce qu'il fait dans la vie ?

Lucie : Il est footballeur professionnel.

Eric : Quel bonheur de taper dans le ballon...

Mémorisez et jouez

Unité 7

J'écoute de la musique classique, j'aime chanter

Je découvre les sons [s], [z], [ʃ], [ʒ]

Activité 1 : Ecoutez le poème et la chanson

https://youtu.be/8YnIh5VcFo

Les bijoux

La très chère était nue, et, connaissant mon cœur,
Elle n'avait gardé que ses bijoux sonores,
Dont le riche attirail lui donnait l'air vainqueur
Qu'ont dans leurs jours heureux les esclaves des Mores.

Quand il jette en dansant son bruit vif et moqueur,
Ce monde rayonnant de métal et de pierre
Me ravit en extase, et j'aime à la fureur
Les choses où le son se mêle à la lumière.

Elle était donc couchée et se laissait aimer,
Et du haut du divan elle souriait d'aise
À mon amour profond et doux comme la mer,
Qui vers elle montait comme vers sa falaise.

Poème de Charles Baudelaire
Chanté par Yves Montand

Activité 2 : Regardez la vidéo. Ecoutez et répétez

[s]:

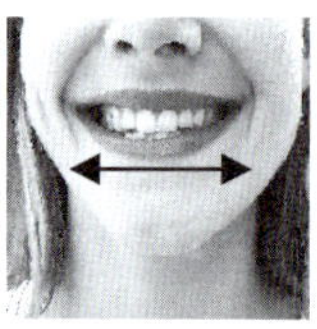

lèvres écartées

muscles tendus

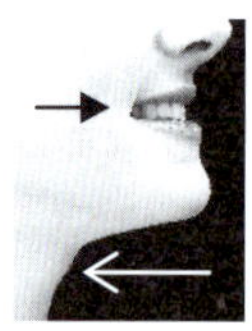

langue en avant sans vibration

[z]:

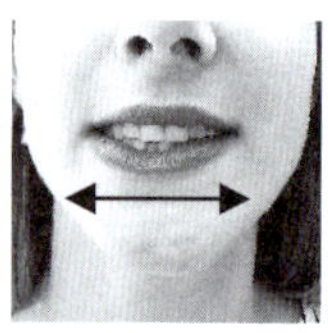

lèvres écartées

muscles peu tendus

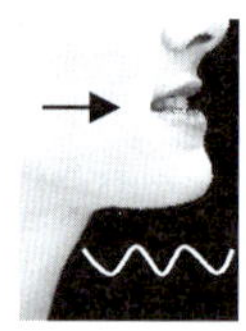

langue en avant avec vibration

[ʃ]:

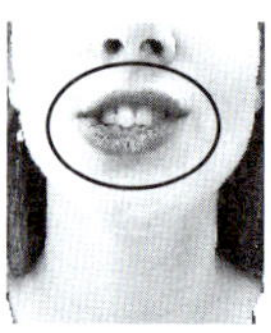

Lèvres arrondies

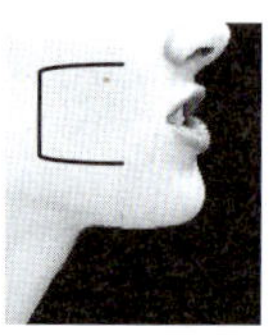

muscles tendus

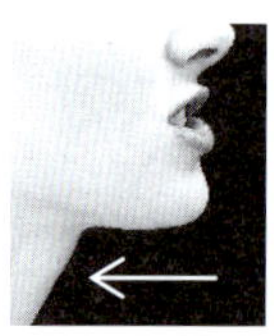

langue en arrière sans vibration

[ʒ]:

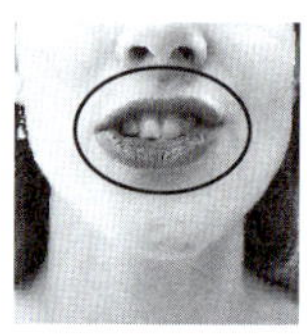

lèvres arrondies

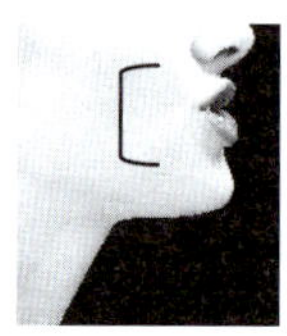

muscles peu tendus

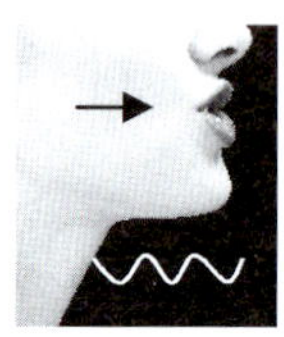

langue en arrière avec vibration

🎧 Activité 3 : Ecoutez et répétez

[s] – [z]	[ʃ] – [ʒ]	[s] – [ʃ]	[z] – [ʒ]
sous – zou !	chou – joue	ça – chat	zut – jute
face – phase	choix – joie	douce – douche	zèle – gel
vice – vise	chant – Jean	sien – chien	case – cage
chausse – chose	chaque – Jacques	sot – chaud	léser – léger
casse – case	chute – jute	russe – ruche	asile – agile
laisser – lésé	cache – cage	sec chèque	bisou – bijou
sucer – s'user	hacher – âgé	mousse – mouche	les oies – les joies
baisser – baiser	boucher – bouger	penser – pencher	des œufs – des jeux

Quels sont tes loisirs ?
Il va souvent à la pêche.
Cécile et moi faisons du cheval.
Charlotte sort ce soir.
George joue au basket tous les jours.
Son cousin adore la musique classique.
Elise aime les expositions de sculptures.
Le soleil et la plage, c'est génial !

Il va souvent à la pêche.

🎧 Activité 4 : Vire-langues

Choisissez une formule et mémorisez. Récitez trois fois de suite sans vous tromper.

J'ai la bouche rouge et sèche.
Un bon chasseur sachant chasser sait chasser sans son chien.
Les chaussettes de l'archi-duchesse sont-elles sèches, archi-sèches ?
Juste juge jugez Gilles jeune et jaloux.
La musique est une brise qui grise et qui murmure.
Gisèle gèle des aisselles sous l'échelle chez elle à Courchevel.

J'écoute les sons [s], [z], [ʃ], [ʒ]

Activité 5 : le son [s], le son [z], le son [ʃ] ou le son [ʒ]?

Exemple : 1. marchand

	1	2	3	4	5	6	7	8	9	10
[s]										
[z]										
[ʃ]	X									
[ʒ]										

Activité 6 : le son [ʒ], puis le son [ʃ] ? / le son [ʃ], puis le son [ʒ] ?

Exemple : 1. j'achète

	1	2	3	4	5	6	7	8	9	10
[ʒ][ʃ]	X									
[ʃ][ʒ]										

Activité 7 : le son [s], puis le son [ʃ] ? / le son [ʃ], puis le son [s] ?

Exemple : 1. chaussons

	1	2	3	4	5	6	7	8	9	10
[s] [ʃ]										
[ʃ] [s]	X									

Activité 8 : le son [s] ou le son [z] ? Dans quelle syllabe ?

Exemple : 1. position

	1e syllabe		2e syllabe		3e syllabe	
	[s]	[z]	[s]	[z]	[s]	[z]
1				X	X	
2						
3						
4						
5						
6						
7						
8						
9						
10						

J'écris les sons [s], [z], [ʃ], [ʒ]

Activité 9 : Ecoutez l'enregistrement lent et colorez les sons [s], [z], [ʃ], [ʒ]. Comment on écrit ces sons ? Réécoutez l'enregistrement à vitesse naturelle

Quels sont les loisirs d'Eric et de Lucie ? Eric est un garçon sportif. Il aime les voyages et le sport. Il fait de la natation l'été et du ski l'hiver. Le dimanche, il va au gymnase de l'université pour jouer au basket. Il joue aussi, avec son ami Gilles, à la pétanque, jeu traditionnel français. Et Lucie ? Elle va souvent aux concerts de musique classique avec sa mère, mais elle ne fait pas de jardinage avec elle. Lucie est une fille joyeuse, à la maison, elle chante et danse !

Comment on écrit le son [s] ? :

___ au début du mot

Exemples :

____

____

V ____ V

Exemples :

____

C__ V, V__C

Exemples :

____

___ + e, i,

Exemples :

____

On écrit le son [s] aussi : c + è, y, é

Exemples :

cèdre, cygne, Céline

On écrit le son [s] aussi : ___ +ion

Exemples :

____

On écrit le son [s] aussi : ___

Exemples :

____

Comment on écrit le son [ʃ] ? ___

Exemples :

____

Mais [k] :

orchestre, orchidée, archaïque

Ç : La cédille se place sous le « c » pour prononcer le son [s] devant « a », « o », « u ».

Comment on écrit le son [ʒ] ?

___, ___ + e, i, y

Exemples :

____

____

g + a, o, u → [g]
g + e, i, y → [ʒ]
gu + e, i, y → [g] Exemple : guitare

Comment on écrit le son [z] ? V__V

Exemples :

____

____

On écrit le son [s] aussi : z

Exemples : onze, douze

Activité 10 : *Eric adore le foot*. Ecoutez et complétez

1. Il y a on__e (11) joueurs dans chaque équipe de football.
2. Un ticket pour aller voir le match de foot coûte dou__e (12) euros.
3. Rendez-vous à quator__e (14) heures devant le stade.
4. Premier but au bout de quin__e (15) minutes !
5. Le match finit à sei__e (16) heures.

Activité 11 : Ecoutez phrase par phrase et complétez. Puis réécoutez l'ensemble pour vérifier

Ma __œur Cé__ile est __pé__iale ! Elle ne fait pas de __port, elle ne vi__ite pas d'expo__i__ions, elle ne va pas au __inéma, elle ne ___ante pas, elle ne dan__e pas, elle n'écoute pas de mu__ique, elle ne __oue pas de la guitare, elle déte__te na__er et __ardiner, elle ne __ort pas le __oir. Alors, quels __ont __es loi__irs? Elle adore faire les maga__ins. Tous les __amedis, elle va au __entre-ville pour a___eter des vêtements, des ___au___ures, des __acs et des bi__oux. Puis, à la mai__on, elle __'habille et elle __e regarde dans la gla__e. Oui, __'est __a : elle est coquette !

Activité 12 : Le pendu. Ecoutez et devinez le mot lettre par lettre

a à â b c d e é è ê f g h I î j k l

m n o ô p q r s t u ù û v w x y z

1. _ _ _ _ _ _ _ _ _ _
2. _ _ _ _ _ _ _ _ _
3. __ _ _ _ _ _ _ _ _ __ _ _ _ _ _ _ _ _ _ _ _ _ _

Activité 13 : Ecoutez et complétez :

« c », « s », « ss » ou « ç » ?

1. Loi___ir, gro___e, profe___ion, ___entre, voi___in, gar___on, que___tion, méde___in, hôte___e, ly___éen, ___inq, pare___eux, ___iel, fran___ais, ___ouvent, e___pagnol, mer___i, mademoi___elle, cla___e

« j » ou « g » ?

2. Voya__e, ___ardina___e, ___uillet, bi___ou, ___eudi, bon___our, rou___e, gara___e, ___anvier, pla___e, patina___e, oran___e, nua___e, ___aune, maria___e, man___er, intelli___ent, ___eor___es, ___ouer, ___umeaux

Je découvre le rythme et la mélodie

Activité 14 :

Lisez et colorez le son [s] et le son [k].
Puis écoutez pour vérifier

C + e, é, è, ê i, î, y = [s]
C + a, à, â, o, ô, u, ù, û = [k]
Ç + a, à, â, o, ô, u, ù, û = [s]

un policier français
les vacances à Barcelone
à côté de la pharmacie
Cécile est divorcée.
Vincent est cuisinier.

Vincent est cuisinier.

Elle va au café à bicyclette.
Mon cousin est américain.
Ce garçon est lycéen.
Courir, c'est facile.
un concert au centre culturel

Elle va au café
à bicyclette.

Courir, c'est facile.

Activité 15 : Jeu du marabout. Trouvez le chemin à travers le labyrinthe

Exemple : salut → Lucie

Jeu du marabout : la syllabe finale d'un mot devient la syllabe initiale du mot suivant.

chaussures	sureau	roman	mentir	tirage	gérer
surchargé	Jérémie	minaret	rectangle	rajeunir	raller
germain	millepatte	raisonner	nécessaire	serrure	rural
mince	terrasse	nervure	servir	virage	rajeunir
cependant	dentelle	réponse	Virginie	nicher	chéri
dentaire	téléphone	poncer	serpent	Cherbourg	ridicule
terrain	rinçage	sagesse	pendule	bourgade	culture

Activité 16 : Ecoutez et marquez les groupes rythmiques, les syllabes accentuées (accent rythmique, accent d'insistance) et les courbes d'intonation

- Quels sont les loisirs de tes parents, Lucie ?
- Mon père adore la pêche. Dans la nature, il se débarrasse de tout le stress du travail. Ma mère fait du jardinage. Tous les voisins sont jaloux de ses roses et de ses jacinthes. Et tes parents, ils sont aussi sportifs que toi ?
- Non, pas du tout. Ma mère chante dans une chorale et mon père aime bien bricoler.

Activité 17 : Relisez le texte ci-dessus à voix haute

Activité 18 : Ecoutez, comptez les syllabes et reliez les phrases correspondantes de la conversation

Exemple : Je n'aime pas la randonnée. ⟶ Moi,/ j'aime /beau/coup /ça ! [5]
DA, DA **DA** DA DA

1. J'aime faire du ski. Et toi ?
2. J'aime chanter. Et toi ?
3. Je n'aime pas la boxe. Et toi ?
4. Je n'aime pas trop courir. Et toi ?
5. J'aime jouer au foot. Et toi ?

a) Moi, pas du tout ! [ ]
b) Moi, j'adore ! [ ]
c) Moi aussi, j'aime beaucoup ! [ ]
d) Moi, je déteste ça ! [ ]
e) Moi, je n'aime pas ça du tout ! [ ]

1.	2.	3.	4.	5.

Activité 19 : Ecoutez, observez l'intonation et marquez l'accent d'insistance. Jouez

- J'aime le chocolat. – Moi aussi, le chocolat, c'est délicieux !
- J'aime le champagne. – Moi non, je n'en bois jamais.
- Je n'aime pas le café. – Moi si, le café, c'est très bon !
- Je n'aime pas les bananes. – Moi non plus, je préfère les oranges.

- J'aime le cinéma français. – Moi aussi, surtout les comédies.
- J'aime la musique classique. – Moi non, je n'écoute que du hip-hop.
- Je n'aime pas les chats. – Moi non plus, je les déteste.
- Je n'aime pas le sport. – Moi si, surtout le basket.

Activité 20 : Ecoutez et marquez

- les enchaînements vocaliques
- les enchaînements consonantiques.

1. – Tu_aimes_écouter le rock ?
   – Oui, mais avec ma mère, j'écoute aussi de la musique classique.
2. – Ce weekend, je joue au tennis. Et toi ?
   – Moi, je fais une randonnée en montagne.
3. – Tu as envie d'aller danser ce soir ?
   – Non, il y a un match de foot à la télé.
4. – On joue au go à sept heures. Tu viens ?
   – Désolé, je vais à la salle de gym avec André.
5. – Je t'invite à manger au restaurant demain à midi.
   – Merci Angèle, alors à midi !

On joue au go.

Les groupes rythmiques sont moins nombreux lorsque le débit est rapide.

Activité 21 : Ecoutez et marquez les groupes rythmiques

Débit lent :

Suzanne est sportive, elle aime bien jouer au tennis et au badminton avec Gisèle, sa meilleure amie, et faire de la randonnée en montagne avec ses copains de fac. Son grand frère George préfère l'art. Il va souvent voir des expositions de peinture et de sculpture, et il adore la musique de chambre. Avec sa copine Emilie, ils jouent du violoncelle dans un quatuor tous les samedis soir.

Combien de groupes rythmiques ? _____

Débit rapide :

Suzanne est sportive, elle aime bien jouer au tennis et au badminton avec Gisèle, sa meilleure amie, et faire de la randonnée en montagne avec ses copains de fac. Son grand frère George préfère l'art. Il va souvent voir des expositions de peinture et de sculpture, et il adore la musique de chambre. Avec sa copine Emilie, ils jouent du violoncelle dans un quatuor tous les samedis soir.

Combien de groupes rythmiques ? _____

Elles jouent du violoncelle.

Je joue avec la langue

Activité 22 : Ecoutez et chantez « *Le temps des cerises* »

Jean-Baptiste Clément
(1836 – 1903)

Quand nous chanterons le temps des cerises,
Et gai rossignol, et merle moqueur
Seront tous en fête !
Les belles auront la folie en tête
Et les amoureux du soleil au cœur!
Quand nous chanterons le temps des cerises,
Sifflera bien mieux le merle moqueur !

Activité 23 : Boule de neige

Gisèle part en vacances à Nice, elle met dans sa valise ses sandales.

son chapeau
sa brosse à dent
ses lunettes de soleil
cinq shorts
six chemises
son journal de bord
son stylo

> Demandez aux apprenants d'associer les mots aux images, puis écoutez et répétez la phrase. Par la suite, jouez à « la boule de neige » : le premier apprenant dit la phrase avec le premier objet, le deuxième répète et ajoute le deuxième objet, et ainsi de suite.

Activité 24 : Labyrinthe syllabique

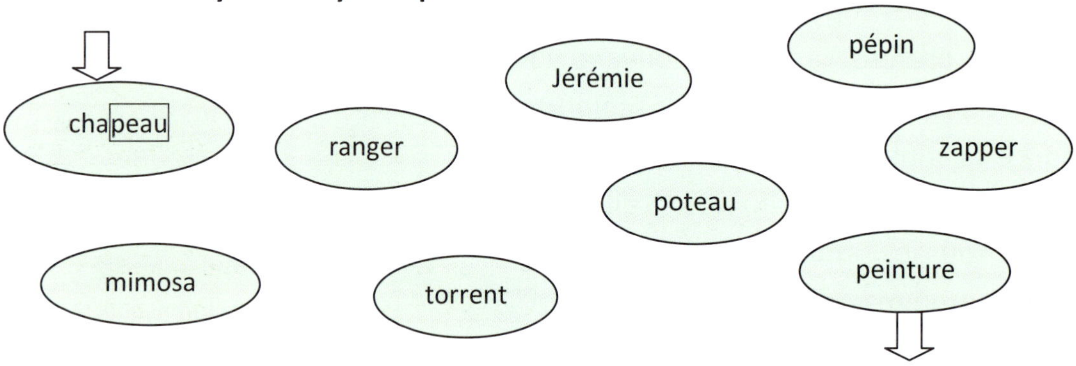

Je communique

Eric et Lucie parlent de leurs loisirs.

Activité 25 : Ecoutez le dialogue et

- **colorez les sons [s], [z], [ʃ], [ʒ]**
- **marquez les liaisons et enchaînements**
- **entourez les consonnes finales prononcées**

Lucie : Quels sont tes loisirs, Eric ?

Eric : Le sport, le cinéma, la musique, les voyages... et toi ?

Lucie : Je vais souvent nager à la piscine.

Eric : Moi, je fais du basket tous les dimanches.

Lucie : Et le cinéma ? Tu aimes les films asiatiques ?

Eric : Oui, surtout japonais et chinois.

Lucie : Ah, samedi, j'organise une soirée cinéma chez moi. Tu viens ?

Eric : Oui, avec plaisir. Qu'est-ce qu'on va regarder ?

Lucie : Une comédie, un film d'action, ou un film d'horreur...

Eric : Ah non ! Je déteste les films d'horreur !

Activité 26 : Ecoutez le dialogue et

- **marquez les groupes rythmiques**
- **entourez les syllabes accentuées**
- **dessinez les courbes d'intonation**

Lucie : Quels sont tes loisirs, Eric ?

Eric : Le sport, le cinéma, la musique, les voyages... et toi ?

Lucie : Je vais souvent nager à la piscine.

Eric : Moi, je fais du basket tous les dimanches.

Lucie : Et le cinéma ? Tu aimes les films asiatiques ?

Eric : Oui, surtout japonais et chinois.

Lucie : Ah, samedi, j'organise une soirée cinéma chez moi. Tu viens ?

Eric : Oui, avec plaisir. Qu'est-ce qu'on va regarder ?

Lucie : Une comédie, un film d'action, ou un film d'horreur...

Eric : Ah non ! Je déteste les films d'horreur !

Mémorisez et jouez

Unité 8

Ton taxi attend à côté de la gare

Je découvre les sons[k], [g], [ks], [gz]

Activité 1 : Ecoutez le poème

https://youtu.be/-q_0tqovYOk

Charles Cros
(1842 – 1888)

Le hareng saur

Il était un grand mur blanc - nu, nu, nu,
Contre le mur une échelle - haute, haute, haute,
Et, par terre, un hareng saur - sec, sec, sec.

Il vient, tenant dans ses mains - sales, sales, sales,
Un marteau lourd, un grand clou - pointu, pointu, pointu,
Un peloton de ficelle - gros, gros, gros.

Alors il monte à l'échelle - haute, haute, haute,
Et plante le clou pointu - toc, toc, toc,
Tout en haut du grand mur blanc nu - nu, nu, nu.

Il laisse aller le marteau - qui tombe, qui tombe, qui tombe,
Attache au clou la ficelle - longue, longue, longue,
Et, au bout, le hareng saur - sec, sec, sec.

Activité 2 : Regardez la vidéo. Ecoutez et répétez

[k]:

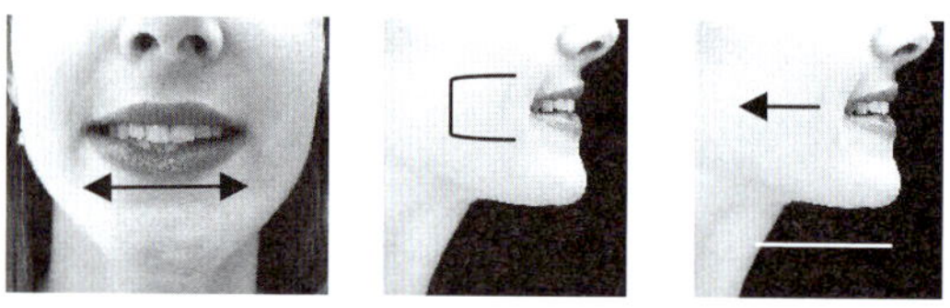

lèvres écartées | muscles tendus | langue en arrière sans vibration

[g]:

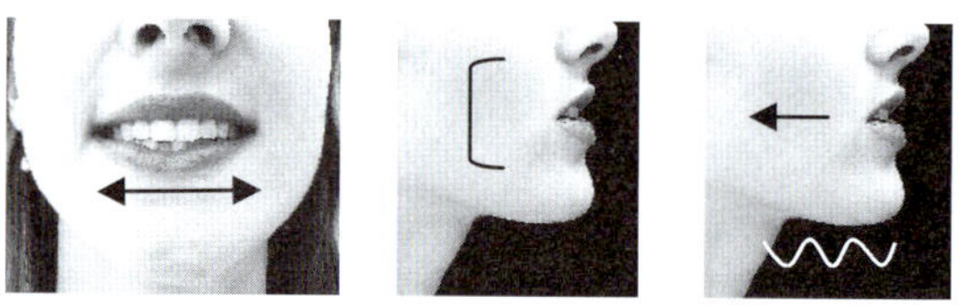

lèvres écartées | muscles peu tendus | langue en arrière avec vibration

Je prononce les sons [k], [g], [ks], [gz]

Activité 3 : Ecoutez et répétez

[k] – [g]

cou – goût
quai – gai
qui – gui
quand – gant
colle – gaule
comme – gomme
cocher – gaucher
écart – égard

le lynx

[ks]	[gz]
texte	examen
lynx	exercice
excellent	exogamie
oxyder	exigent
saxophone	existence
accepter	exotique
accident	Hexagone
succès	xénophobe

C'est à côté de la gare.
Gaspar fait du canoë.
Tu connais le quartier ?
Les grands magasins sont en soldes.
A gauche de l'église, il y a un café.

Gaspar fait du canoë.

Les grands magasins sont en soldes.

Eric fait de l'équitation.
Ils prennent un taxi.
L'exposition a du succès.
Ce texte est extraordinaire.
Mon oncle Hector est exigent.

Activité 4 : Vire-langues

Quatre coqs croquent quatre gros grillons gras.
Le taxidermiste extravagant exposa un exceptionnel phénix à Aix.

Faits divers :

Lors de leur expédition, des explorateurs extraterrestres expérimentés examinèrent avec excitation les reflexes d'un sexagénaire, puis l'exécutèrent.

J'écoute les sons [k], [g], [ks], [gz]

Activité 5 : deux mots identiques ou deux mots différents ?

Exemple : 1. gant – quand

	1	2	3	4	5	6	7	8	9	10
identiques										
différents	X									

Activité 6 : le son [k] ou le son [g] ?

Exemple : 1. bocal

	1	2	3	4	5	6	7	8	9	10
[k]	X									
[g]										

Activité 7 : le son [k] ou le son [g] ? Dans quelle syllabe ?

Exemple : 1. je connais

	1e syllabe		2e syllabe		3e syllabe	
	[k]	[g]	[k]	[g]	[k]	[g]
1			X			
2						
3						
4						
5						
6						
7						
8						
9						
10						

Activité 8 : le son [ks] ou le son [gz] ?

Exemple : 1. flexible, 2. examen

	1	2	3	4	5	6	7	8	9	10
[ks]	X									
[gz]		X								

J'écris les sons [k], [g], [ks], [gz]

Activité 9 : Ecoutez l'enregistrement phrase par phrase et colorez les sons [k], [g], [ks], [gz]. Comment on écrit ces sons ? Réécoutez l'enregistrement

A tous nos copains de la classe !
Nous organisons une soirée pour fêter la fin des examens. Quand ? Mercredi prochain. Où ? Au bar grec, rue d'Angleterre. Vous êtes tous invités ! Vous ne connaissez pas ce bar ? De la gare, prenez un taxi, il est plus commode que le tram. Le trajet prend cinq ou six minutes. Descendez devant le grand magasin, le bar se trouve à côté de l'église. La cuisine y est excellente, surtout les cuisses de canard grillées, avec des crudités et de la bière. Et on y écoute de la musique exotique ! Nous vous attendons vers dix-neuf heures.
Eric et Lucie

Comment on écrit le son [k] ?

___ + a, o, u

Exemples :

____

____

____

On écrit le son [k] aussi :

___ + consonne

Exemples :

____

On écrit le son [k] aussi : ___final

Exemples :

____

On écrit le son [k] aussi : ___ , ___

Exemples :

____

On écrit le son [k] aussi : k, ck, ch, cc + a, o, u

Exemples :

kilomètre, ticket, choral, accordéon

cc + a, o, u → [k]
cc + e, i → [ks]

Comment on écrit le son [g] ?

__ + a

Exemples :

____

On écrit le son [g] aussi : g + o, u

Exemples :

goutte, aigu

On écrit le son [g] aussi :

__ + consonne

Exemples :

____

____

Comment on écrit le son [ks], [gz] ?

___

Exemples :

____

____

On écrit les sons [ks] aussi : cc + e, i

Exemples :

accessible, succès, vaccin

🎧 Activité 10 : Ecoutez phrase par phrase et complétez. Puis réécoutez l'ensemble pour vérifier

Depuis ___atorze ans, __avier et A__ate habitent dans un petit village suisse, à cin___ante __ilomètres de __renoble. Dans leur __ommune, pas de __rand ma__asin, pas de __are, pas de ta__is, pas de salons de __oiffure, pas d'e__positions. Leur maison est en face de l'é__lise. A__ate travaille à la bibliothè___e municipale. Elle se trouve à __ôté du __afé, à ___el___es minutes à pied de leur maison. __avier est a__ri__ulteur et il joue du sa__ophone dans l'or____estre du village.

🎧 Activité 11 : Le pendu. Ecoutez et devinez le mot lettre par lettre

a à â b c d e é è ê f g h I î j k l m
n o ô p q r s t u ù û v w x y z

1. __ __ __ __ __ __ __ __ __
2. __ __ __ __ __ __ __ __ __
3. __ __ __ __ __ __ __ __ __ __ __ __

g + a, à, â, o, ô, u, ù, û = [g]
g + e, é, è, ê i, î, y = [ʒ]
c + a, à, â, o, ô, u, ù, û = [k]
ç = [s]

Activité 12 : Le labyrinthe des sons [k] ou [g]

(vertical et horizontal)

gens	Barcelone	médecin	gare	âge	cette	gentil	épicerie
sage	policier	église	cours	Vincent	Algérie	océan	voyage
merci	café	organiser	cinéma	nager	rouge	silence	fragile
cent	gros	Angèle	face	Alice	chœur	oncle	anglais
Lucie	regarde	encore	comment	acide	architecte	douce	octobre
origine	cidre	manger	grand	plage	langue	génial	groupe
centre	orange	mince	gauche	carte	magasin	divorce	échecs
village	Céline	décider	bouger	force	belge	girafe	cousin

Je découvre le rythme et la mélodie

Activité 13 : Lisez et colorez les sons [g] et [ʒ], écoutez pour vérifier. Puis, réécoutez et marquez les enchaînements

g + consonne = **[g]**
g + a, à, â, o, ô, u, ù, û = **[g]**
g + e, é, è, ê i, î, y = **[ʒ]**

Il va à la boulangerie.
Mégane regarde la télé.
Géraldine va au grand magasin.
Le tram est écologique.
Devant la gare, prends à gauche.
C'est à côté de l'église.
Nous devons changer de métro.
Je vais à Grenoble en TGV.

Le tram est écologique.

Activité 14 : Lisez et marquez les enchaînements, écoutez pour vérifier. Puis, réécoutez et répétez

Enchaînement vocalique

1. Où allez-vous ?
2. Tu attends un bus ?
3. Elle va à la pharmacie.
4. Je connais un bon restaurant italien.
5. On descend où ?
6. Tu es à la maison ?
7. Je ne sais pas où est la mairie.
8. Prenez la première rue à gauche.
9. Comment tu vas à Orléans ?
10. J'y vais en train.

la pharmacie

la poste

Enchaînement consonantique

1. Il habite au centre-ville.
2. Elle veut venir avec moi.
3. Quelle est votre adresse ?
4. C'est juste en face de l'église.
5. Ils partent à sept heures.
6. Elle attend près d'une épicerie.
7. Notre ami Paul prend le bus.
8. Je cherche un bon restaurant.
9. La poste est loin de chez moi.
10. Je préfère le tram à la voiture.

Activité 15 : Ecoutez. Quelle conversation entendez-vous ? Complétez le tableau

Exemple :

Où tu prends le métro ? ⟶ Sur la place de la Concorde.

DA DA DA DA DA DA — DA DA DA DA DA DA DA

A. - Comment allez-vous au marché ?
   - J'y vais en taxi.

B. - Vous habitez loin d'ici?
   - Non, à cinq minutes à pieds.

C. - Tu vas où ?
   - Chez moi.

D. - On prend quel bus ?
   - Le numéro cent quatre.

E. - Où on descend du tram ?
   - Devant la mairie.

1.	2.	3.	4.	5.

On prend quel bus ?

Activité 16 : Ecoutez et marquez les groupes rythmiques, les accents rythmiques et les courbes de lecture. Marquez les liaisons et les enchaînements

Pour aller chez moi, c'est simple : devant la gare, tu prends le bus numéro vingt-quatre, et tu descends au cinquième arrêt, en face de la poste. J'habite une maison à deux étages, entre le commissariat de police et un café.

Activité 17 : Ecoutez et marquez les courbes d'intonation. Jouez le dialogue

(Au smartphone :)

- Allô, Michel ? Je suis devant la poste et je ne vois pas le commissariat de police. Qu'est-ce que je fais ?
- Tu es devant la poste ? Alors, prends à gauche et tourne à la première à droite. Il y a un grand café…
- Attends, …. oui, j'y suis ! Je vois aussi le commissariat de police.
- Voilà, j'habite la maison verte entre le café et le commissariat, au deuxième étage.
- Merci, Michel, à tout de suite !

🎧 Activité 18 : Ecoutez et marquez les liaisons et enchaînements

Exemple :

- Nous allons à Paris.
- Comment vous y allez ?
- Nous y allons en TGV.

Pékin	en bateau
Tokyo	en avion
New York	en train
Berlin	en car
Madrid	en voiture

A vous !

Nous y allons en TGV.

Divisez la classe en deux grands groupes et demandez aux étudiants de jouer ces mini-dialogues en chœurs.

🎧 Activité 19 : Ecoutez, puis jouez en imitant le ton

- **Comment tu y vas ?**

- J'y vais à pied.
- A pied ? Mais c'est trop loin !
  Prends le bus, c'est mieux.

- J'y vais en bus.
- En bus ? Mais c'est trop lent !
  Prends le taxi, c'est plus rapide.

- J'y vais en taxi.
- En taxi ? Mais c'est trop cher !
  Prends le métro, c'est moins cher.

- J'y vais à vélo.
- A vélo ? Mais c'est fatigant !
  Prends la moto, c'est plus pratique.

- J'y vais à moto.
- A moto ? Mais c'est dangereux !
  Prends le bus, c'est plus sûr.

- J'y vais en bateau.
- En bateau ? Mais tu vas avoir le mal de
  mer ! Prends plutôt l'avion.

J'y vais à pied.

J'y vais à moto.

J'y vais en bateau.

Je joue avec la langue

Activité 20 : Ecoutez et chantez « *Comment te dire adieu* »

Chanté par Françoise Hardy
Paroles et musique : Serge Gainsbourg
https://youtu.be/mwhX5V1Gn6w

Sous aucun prétexte,
Je ne veux
Avoir de réflexes,
Malheureux
Il faut que tu m'ex-
pliques un peu mieux
Comment te dire adieu

Mon cœur de silex
Vite prend feu
Ton cœur de pyrex
Résiste au feu
Je suis bien perplexe,
Je ne veux
Me résoudre aux adieux

Activité 21 : Mots cachés. Cherchez les jours et les mois

d	i	m	a	n	c	h	e	m	j	a	o
a	l	a	i	e	c	e	j	b	a	v	c
j	u	i	n	i	j	a	m	n	n	r	t
m	n	o	v	e	m	b	r	e	v	i	o
a	d	v	e	n	d	r	e	d	i	l	b
r	i	n	l	j	u	i	l	l	e	t	r
s	e	p	t	e	m	b	r	e	r	u	e

Horizontal →

1. d__________
2. j__________
3. n__________
4. v__________
5. j__________
6. s__________

Vertical ↓

7. m__________
8. l__________
9. m__________
10. j__________
11. a __________
12. o__________

Activité 22 : Les onomatopées en différentes langues

quack, quack (en anglais)
ga, ga (en chinois)
coin, coin (en français)

Et dans votre langue ?
____

haf, haf (en tchèque)
woof, woof (en anglais)
ouah, ouah (en français)
ou : ouaf, ouaf (en français)

Et dans votre langue ?
____

gruik, gruik (en allemand)
ngo, ngo (en tagalog)
groin, groin (en français)

Et dans votre langue ?
____

Je communique

Lucie et Eric vont voir une exposition.

🎧 **Activité 23 : Ecoutez le dialogue et**

- **colorez les sons [k], [g], [ks], [gz]**
- **marquez les liaisons et les enchaînements**
- **entourez les consonnes finales prononcées**

Eric : Lucie, tu vas à l'exposition de Gauguin ?

Lucie : Oui. J'adore ses tableaux exotiques.

Eric : Moi aussi, je trouve ses peintures géniales !

Lucie : Tu y vas comment ? En bus ou en métro ?

Eric : En taxi avec Xavier et Auguste.

Lucie : Moi, je prends le métro, c'est moins cher.

Eric : On se voit devant la galerie ?

Lucie : D'accord. A quelle heure ?

Eric : Pas trop tard, la galerie ferme à dix-sept heures.

Lucie : Donc, rendez-vous à quatre heures de l'après-midi.

🎧 **Activité 24 : Ecoutez le dialogue et**

- **marquez les groupes rythmiques**
- **entourez les syllabes accentuées**
- **dessinez les courbes d'intonation**

Eric : Lucie, tu vas à l'exposition de Gauguin ?

Lucie : Oui. J'adore ses tableaux exotiques.

Eric : Moi aussi, je trouve ses peintures géniales !

Lucie : Tu y vas comment ? En bus ou en métro ?

Eric : En taxi avec Xavier et Auguste.

Lucie : Moi, je prends le métro, c'est moins cher.

Eric : On se voit devant la galerie ?.

Lucie : D'accord. A quelle heure ?

Eric : Pas trop tard, la galerie ferme à dix-sept heures.

Lucie : Donc, rendez-vous à quatre heures de l'après-midi.

Mémorisez et jouez

Unité 9

Rendez-vous lundi à huit heures du matin

Je découvre les sons [l], [ʀ], [t], [d]

Activité 1 : Ecoutez le poème et la chanson
https://youtu.be/UfSiFOMHtnQ

George Sand
(1804-1876)

Lettre de George Sand à Alfred de Musset

Aime donc, mon Alfred, aime pour tout de bon
aime une femme jeune, belle,
et qui n'ait pas encore aimé
ménage-la, et ne la fais pas souffrir
le cœur d'une femme est une chose si délicate
quand ce n'est pas un glaçon ou une pierre
je crois qu'il n'y a guère de milieu
et il n'y en a pas non plus
dans ta manière d'aimer
ton âme est faite pour aimer ardemment
ou pour se dessécher tout à fait

Chantée par Céline Dion

Activité 2 : Regardez la vidéo. Ecoutez et répétez

[l]:

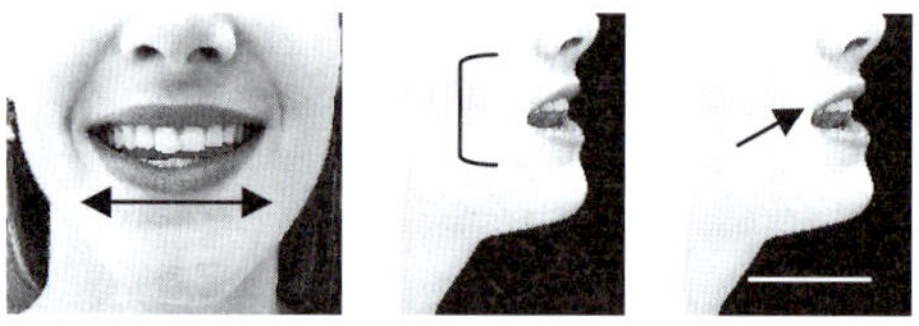

lèvres écartées / muscles peu tendus / langue en avant et en haut sans vibration

[ʀ]:

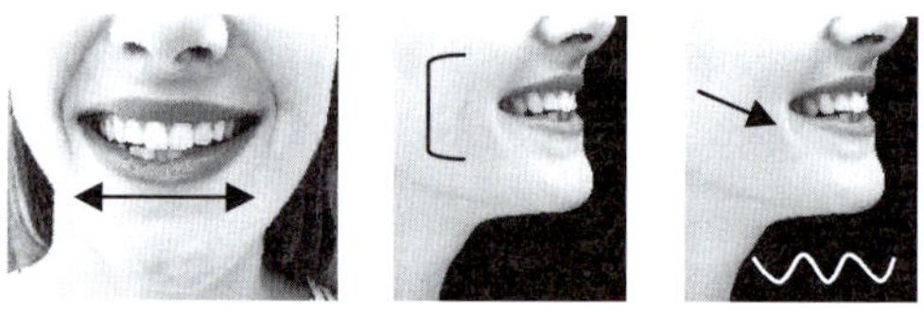

lèvres écartées / muscles peu tendus / langue en avant et en bas avec vibration

[t]:

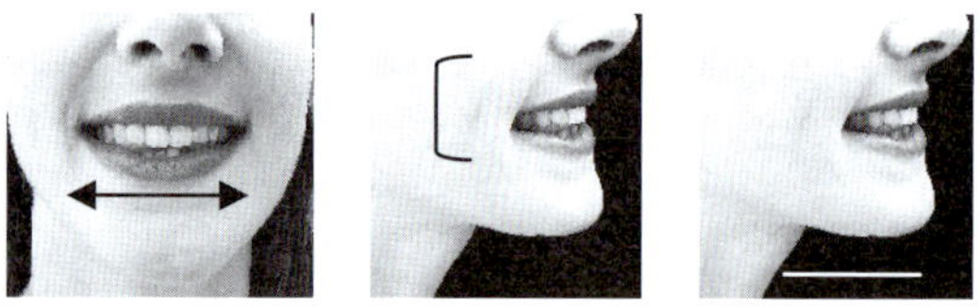

lèvres écartées / muscles peu tendus / langue en avant, contre les dents sans vibration

[d]:

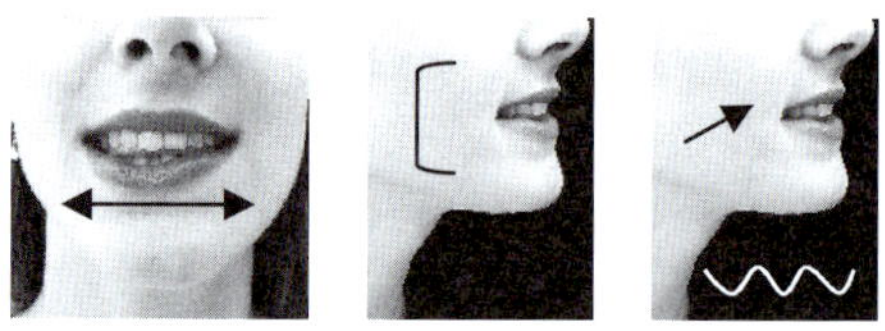

lèvres écartées / muscles peu tendus / langue en avant et en haut avec vibration

Je prononce les sons [l], [ʀ], [t], [d]

Activité 3 : Ecoutez et répétez

[l], [ʀ]

lit – riz	lire – rire
lu – rue	lame – rame
là – rat	laide – raide
lait – raie	lâcheté – racheter
loup – roue	calotte – carotte
lin – rein	calé – carré
lent – rang	glace – grâce
long – rond	village – virage

[t], [d]

te – de	lente – lande
tu – du	vite – vide
tout – doux	honte – onde
thé – dé	poutre – poudre
ton – dont	laiteux – les deux
teint – daim	amante – amande
tant – dans	vanter – Vendée
tard – dard	tentant – tendant

A six heures et quart.
En décembre et en février.
Je suis libre ce soir.
Lucie préfère les roses rouges.
Albert revient en avril.
Il va partir pour quatre jours.

Lucie préfère les roses rouges.

Où est ton ticket de bus ?

Dimanche matin et jeudi à midi.
En été et en automne.
Où est ton ticket de bus ?
On va au stade en taxi.
Que faites-vous demain ?
J'y suis dans dix minutes.

Activité 4 : Vire-langues

> Demandez au étudiants de jouer l'histoire de Titi en groupe de trois : Titi, la tortue et le narrateur.

Trois gros rats gris rongent trois gros gruyères.
Une peuplade nomade fait des grillades de dorades.
Titi, ton thé t'a-t-il ôté ta toux, dit la tortue à Titi, le tatou. Mais non, pas du tout, répondit Titi, le tatou. Je tousse tant que l'on m'entend de Tahiti à Tombouctou.

J'écoute les sons [l], [ʀ], [t], [d]

Activité 5 : le son [l], puis le son [ʀ] ? / le son [ʀ], puis le son [l] ?

Exemple : 1. boulangère

	1	2	3	4	5	6	7	8	9	10
[l][ʀ]	X									
[ʀ][l]										

Activité 6 : le son [l] ou le son [ʀ] ? Dans quelle syllabe ?

Exemple : 1. Philippines

	1e syllabe		2e syllabe		3e syllabe	
	[l]	[ʀ]	[l]	[ʀ]	[l]	[ʀ]
1			X			
2						
3						
4						
5						
6						
7						
8						
9						

Activité 7 : le son [t] ou le son [d] ?

Exemple : 1. Monsieur Dupont

	1	2	3	4	5	6	7	8	9	10
[t]										
[d]	X									

Activité 8 : combien de [t] ? Combien de [d] ?

Exemple : 1. le thym du jardin

	1	2	3	4	5	6	7	8	9	10
[t]	**1**									
[d]	**2**									

J'écris les sons [l], [ʀ] et [t], [d]

Activité 9 : Ecoutez l'enregistrement lent et colorez les sons [l], [ʀ] et [t], [d]
Comment on écrit ces sons ? Réécoutez l'enregistrement à vitesse naturelle

En février, Lucie et Eric partent en Angleterre. Ils attendent ce voyage avec impatience. Ils vont prendre le train, il est plus confortable que la voiture. Ils vont rester quatre jours à Londres, puis ils vont changer de ville et passer trois jours à Edinbourg. En automne, leurs amis anglais vont venir à Paris. Ils vont arriver le trente septembre et repartir le dix octobre.

Comment on écrit le son [l] ?__ , ___

Exemples :

____

____

____

Comment on écrit le son [ʀ] ?

___ , _____

Exemples :

____

____

____

____

____

____

____

____

On écrit le son [ʀ] aussi : rh

Exemples : rhum, rhume

Comment on écrit le son [t] ?

___ , _____

Exemples :

____

____

____

____

____

____

____

On écrit le son [t] aussi : th

Exemples : théâtre, jacinthe

Comment on écrit le son [d] ? __

Exemples :

____

____

On écrit le son [d] aussi : dd

Exemple : addition

Activité 10 : Ecoutez et complétez : « l » ou « ll », « r » ou « rr » ?

footba__, sou__iant, Anglete___e, bava__d, vendeu__, inte__igent, vi__e, f__è__e, hôpita__, Pie___e, bou__anger, Phi__ippines, vend__edi, ma___on, sy__abe

Activité 11 : Ecoutez et complétez : « t », « tt » ou « d » ?

ce__ après-midi, oc__obre, ren__ez-vous, aujour__'hui, en é__é, in__er__it, au prin__emps, a___endre, __rois heures et __emie, __ix-sep__ ans, le___re, jeu__i, da__e __e naissance, ma__in, en au__omne, alleman__e

Activité 12 : Ecoutez phrase par phrase et complétez. Puis réécoutez l'ensemble pour vérifier

Céci__e et ses pa__ents habi__ent en B__e__agne, __ans une pe__i__e vi___e au bo__d __e la me__. __a mè__e __e Céci__e est g__an__e et fo__ __e, __e pè__e est g__os, inte__igent, sou__iant et bava__d, i__ aime fai__e __u ba__eau et se ba__a__er su__ __a p__age. Et Céci__e est comme __ui. Ce ma__in, i__ p__eut, mais i__s pa__ __ent à __a pêche. A sep__ heu__es, i__s mon__ent __ans __a voi__u__e, i__s vont __en__ __er à __ix heu__es __u soi__.

Activité 13 : Ecoutez et complétez

1. Que____ est votre nom de famille ?
2. Que____ est votre nationalité ?
3. Que____ est votre profession ?
4. Que____ âge avez-vous ?
5. Que____ langues parlez-vous ?
6. Dans que____ ville habitez-vous ?
7. Que____ sont vos projets pour l'été ?
8. Que____ sports pratiquez-vous ?

Activité 14 : Le pendu. Ecoutez et devinez le mot lettre par lettre

1. __ __ __ __ __ __ __ __ __ __ __
2. __ __ __ __ __ __ __ __ __ __ __ __ __ __
3. __ __ __ __ __ __ __ __ __ __
4. __ __ __ __ __ __ __ __ __ __ __ __ __ __ __

Je découvre le rythme et la mélodie

Activité 15 : Ecoutez et colorez :

- les « e » qui se prononcent [E]
- les « e » qui ne se prononcent pas
- les « e » qui se prononcent [ə]

1.
- Eric, tu es libre quand, cette semaine?
- Mercredi ou vendredi.
- Et en fin de semaine ?
- Samedi soir et dimanche avant sept heures.

2.
- Lucie, qu'est-ce que tu vas faire ces vacances ?
- Du premier au douze juillet, je vais rester chez moi.
- Et ensuite ? Tu vas voyager ?
- Justement, je vais aux Etats-Unis avec Aziz et sa copine.

Activité 16 : Ecoutez, observez, complétez, répétez

Il est pâtissier.	Elle est pâtissière.
Il est boulang___.	Elle est boulang ___.
Il est charcuti___.	Elle est charcuti___.
Il est couturi ___.	Elle est couturi___.
Il est jardini___.	Elle est jardini___ .

Il est charcutier.

Activité 17 : Ecoutez et colorez

Il est verrier.

le « r » final prononcé → terminaisons : __
le « r » non prononcé. → terminaisons : __ , __

Il est professeur.	Il est policier.
Il est plombier.	Il est pêcheur.
Il est serveur.	Il est coiffeur.
Il est agriculteur.	Il est boucher.
Il est chanteur.	Il est verrier.

Activité 18 : Ecoutez, colorez les consonnes finales prononcées, les groupes rythmiques, les syllabes accentuées, les liaisons et les enchaînements

Je vous présente Omar. Avec ses vingt-quatre ans, il est le plus jeune policier de notre ville. Il est encore célibataire, alors il a beaucoup de temps libre. Nous avons les mêmes loisirs : jouer de la guitare, faire les magasins et sortir le soir dans les bars pour rencontrer des filles. Samedi prochain, j'ai rendez-vous avec lui, nous allons préparer notre voyage en Angleterre. Départ : douze juillet, c'est bientôt !

Activité 19 : Ecoutez le texte ci-dessus et marquez les courbes de lecture. Lisez à voix haute

Activité 20 : Ecoutez les phrases et reliez-les avec l'intention correspondante

1. Il est onze heures !
2. Il est onze heures !?
3. Il est onze heures.
4. Il est onze heures !

A. On annonce l'heure à la radio. (affirmation)
B. Dépêche-toi, on va être en retard ! (insistance)
C. Je suis en retard! (affolement)
D. Tiens, le temps passe vite ! (surprise)

Activité 21 : Ecoutez et observez l'accentuation et la longueur des syllabes. Reliez la phrase et le graphique correspondants

1. Il est onze heures !
2. Il est onze heures !?
3. Il est onze heures.
4. Il est onze heures !

a. □□ 
b. □□ 
c. □□ 
d. □□ 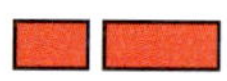

Activité 22 : Ecoutez les phrases ci-dessus et observez la hauteur de la voix de chaque syllabe. Reliez la phrase et le graphique correspondants

A

			o↗
	o		
o			
		o	

B

	o	o	o↘
o			

C

		o	o↘
	o		
o			

D

		o	
	o		
o			
			o

Activité 23 : Réécoutez les phrases de l'activité 23 et reliez chaque phrase avec l'intention correspondante

1. Elle va à Paris __
2. Elle va à Paris __
3. Elle va à Paris __
4. Elle va à Paris __

A. Ah, bon ? Je ne savais pas. (surprise)
B. La réponse à la question : Elle va où ? (affirmation)
C. Mais, qu'est-ce qu'elle va faire à Paris, celle-là ?! (ironie, mépris)
D. On dit qu'elle va à Paris. C'est vrai ? (demande de confirmation)

Activité 24 : Ecoutez et observez l'accentuation et la longueur des syllabes. Dessinez les graphiques comme dans l'activité 21

1. Elle va à Paris _ ....
2. Elle va à Paris _ ....
3. Elle va à Paris _ ....
4. Elle va à Paris _ ....

Activité 25 : Réécoutez les phrases ci-dessus et marquez dans les grilles la hauteur de la voix de chaque syllabe.

1.

2.

3.

4.

Je joue avec la langue

Activité 26 : Ecoutez et chantez

J'ai du bon tabac dans ma tabatière
J'ai du bon tabac, tu n'en auras pas

J'en ai du fin et du bien râpé
Mais ce n'est pas pour ton vilain nez

J'ai du bon tabac dans ma tabatière
J'ai du bon tabac, tu n'en auras pas

J'en ai du blond, du noir et du gris
Mais je n'en donne qu'à mes amis

J'ai du bon tabac dans ma tabatière
J'ai du bon tabac, tu n'en auras pas.

Activité 27 : Lettres mêlées. Lisez les descriptions et écrivez les mots. Ecoutez pour vérifier

1. V I A R L ____________ = le quatrième mois de l'année
2. M I R P E P S N T ____________ = la saison des arbres fleuris
3. R P E S M E T B E ____________ = le mois de la rentrée scolaire en Europe
4. C A M I H E N D ____________ = on ne travaille pas ce jour-là
5. E T M U N A O ____________ = la saison des feuilles colorées

Activité 28 : Tu demandes, je réponds. A vous !

Tu vas bientôt partir ?

Oui, je pars demain.

aller à Paris

prendre l'avion

revenir

arriver

arrive

vais à Paris

reviens

prends l'avion

Je communique

Eric et Lucie font des projets.

Activité 29 : Ecoutez le dialogue et

- **colorez les sons [l], [ʀ], [t], [d]**
- **marquez les liaisons et enchaînements**
- **entourez les consonnes finales prononcées**

Lucie : Eric, tu es libre vendredi soir ?

Eric : Vendredi soir ... Oui, je suis libre.

Lucie : On pourrait aller au théâtre.

Eric : Bonne idée. A quelle heure on se donne rendez-vous ?

Lucie : A sept heures à l'entrée du théâtre.

Eric : Et dimanche, tu restes chez toi ?

Lucie : Non, je vais chez ma tante à la campagne.

Eric : Tu y vas comment ?

Lucie : Je prends la voiture de ma grand-mère.

Eric : Moi, dimanche, je joue au tennis avec Boris.

Activité 30 : Ecoutez le dialogue et

- **marquez les groupes rythmiques**
- **entourez les syllabes accentuées**
- **dessinez les courbes d'intonation**

Lucie : Eric, tu es libre vendredi soir ?

Eric : Vendredi soir ... Oui, je suis libre.

Lucie : On pourrait aller au théâtre.

Eric : Bonne idée. A quelle heure on se donne rendez-vous ?

Lucie : A sept heures à l'entrée du théâtre.

Eric : Et dimanche, tu restes chez toi ?

Lucie : Non, je vais chez ma tante à la campagne.

Eric : Tu y vas comment ?

Lucie : Je prends la voiture de ma grand-mère.

Eric : Moi, dimanche, je joue au tennis avec Boris.

Mémorisez et jouer

Unité 10

Je mange du canard, je bois du champagne

Je découvre les sons [m], [n], [ɲ]

Activité 1 : Ecoutez le poème et la chanson
https://youtu.be/R0jyRLSLOf0

Arthur Rimbaud
(1854-1891)

Sensation

Par les soirs bleus d'été, j'irai dans les sentiers,
Picoté par les blés, fouler l'herbe menue :
Rêveur, j'en sentirai la fraîcheur à mes pieds.
Je laisserai le vent baigner ma tête nue.

Je ne parlerai pas, je ne penserai rien :
Mais l'amour infini me montera dans l'âme,
Et j'irai loin, bien loin, comme un bohémien,
Par la nature, heureux comme avec une femme.

Poème d'Arthur Rimbaud
Chanté par Jean-Louis Aubert

Activité 2 : Regardez la vidéo. Ecoutez et répétez

[m]:

l'air passe par le nez et par la bouche

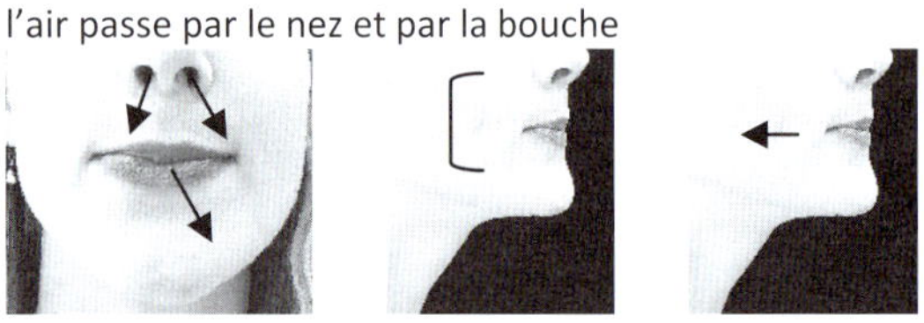

lèvres écartées et collées — muscles peu tendus — langue en arrière

[n]:

l'air passe par le nez et par la bouche

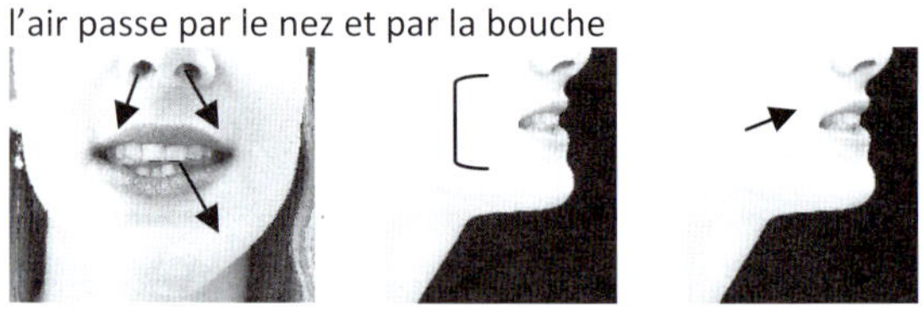

lèvres écartées et décollées — muscles peu tendus — langue en avant et en haut

[ɲ]:

l'air passe par le nez et par la bouche

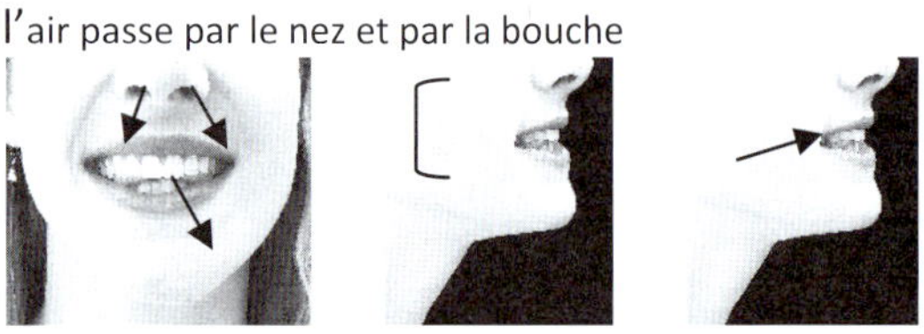

Lèvres écartées et décollées — muscles peu tendus — langue en avant contre les dents

Je prononce les sons [m], [n], [ɲ]

Activité 3 : Ecoutez et répétez

[m], [n]	[n], [ɲ]
mou – nous	trône – trogne
mue – nu	borne – borgne
main – nain	raine – règne
mon – non	en scène – enseigne
mente – Nantes	anneau – agneau
sommet – sonnet	peiner – peigner
demi – Denis	gros nez – grogner
brume – brune	vie noble – vignoble

du bœuf bourguignon

une tarte aux pommes

Après le dîner, on boit du cognac.
Ah non, je préfère le champagne.
Agnès mange du magret de canard.
Anne habite à Perpignan.
Prenez une tarte aux pommes.
On passe une semaine en montagne.
Mon bœuf bourguignon est excellent.
Ils prennent de la truite meunière.
Il enseigne l'espagnol en Bourgogne.

Activité 4 : Vire-langues

D'énormes ormes mornes ornent d'immenses marécages monotones.
Mon compagnon bourguignon enseigne l'espagnol à la campagne en Bourgogne.

J'écoute les sons [m], [n], [ɲ]

Activité 5 : deux mots identiques ou différents ?

Exemple : 1. hameau, anneau

	1	2	3	4	5	6	7	8	9	10
identiques										
différents	**X**									

Activité 6 : le son [n] ou le son [ɲ] ?

Exemple : 1. cogner

	1	2	3	4	5	6	7	8	9	10
[n]										
[ɲ]	**X**									

Activité 7 : combien de sons [m] / combien de sons [n] ?

Exemple : 1. la semaine prochaine

	1	2	3	4	5	6	7	8	9	10
[m]	**1**									
[n]	**2**									

Activité 8 : le son [m], le son [n] ou le son [ɲ] **?**

Exemple : 1. Martinique

	1	2	3	4	5	6	7	8	9	10
[m]	**X**									
[n]	**X**									
[ɲ]										

J'écris les sons [m], [n], [ɲ]

Activité 9 : Ecoutez l'enregistrement lent et colorez les sons [m], [n], [ɲ]. Réécoutez l'enregistrement à vitesse naturelle. Comment on écrit ces sons ?

Les amis d'Eric vont souvent aux restaurants marocains ou tunisiens, mais Eric préfère la cuisine espagnole. Il commande des plats et il invite ses amis à dîner chez lui. Et où mange Lucie ? A midi, elle va à la cafétéria de l'université et le soir, la famille se réunit à la maison pour dîner ensemble. Lucie aime les plats français, surtout le bœuf bourguignon, le gigot d'agneau et la tarte aux oignons. Et toi, tu connais la cuisine française ?

Comment on écrit le son [m] ?

___ , ___

Exemples :

____

____

____

____

Comment on écrit le son [n] ?

___ , ___

Exemples :

____

____

____

Comment on écrit le son [ɲ] ? ___

Exemples :

____

____

R _ _ _ _ _ _ _ _

Activité 10 : Les lettres mêlées. Ecoutez et trouvez quatre plats français

1. L A I S E U O B A S A L I B ______________________
2. S E L A S CO T U ______________________
3. R CH O T E O U C U ______________________
4. I A T R T E T E L F T ______________________

Activité 11 : Ecoutez phrase par phrase et complétez. Puis réécoutez l'ensemble pour vérifier

Au restaurant :

- Alors, __ada__e, __onsieur, qu'est-ce que vous pre__ez ?
- Un steak frites pour __oi et pour la da__e une truite __eu__ière.
- Co____ent voulez-vous votre steak, __onsieur ?
- Sai____ant, s'il vous plaît
- C'est __oté. Et co____e entrée ?
- Je voudrais u__e part de tarte à l'oi____on. Et toi, chérie ?
- Une salade __içoise, s'il vous plaît.

Activité 12 : Ecoutez et reliez (en couleur) les mots des trois phrases avant de les écrire

est	fleurs	Ma	cuisinière.
J'	Tu	manges	les
de	à	mère	la
maison	une	demain ?	magnolia.
bonne	aime		

1. Tu ______________________________
2. J' ______________________________
3. Ma ______________________________

Activité 13 : Ecoutez et complétez « ng » ou « gn »

vi___oble, Polo___e, la___ue, mi___onne, ora___e, indi___e, poi___et, boula___er, ma___ue, i___énieur, châtai___e, gui___ol, ta___o, ro___eur, Gasco___e, lo___ue, Ho___rie, ma___er, pei___e, chi___on

Je découvre le rythme et la mélodie

Activité 14 : Ecoutez et marquez les groupes rythmiques, les accents rythmiques et les courbes de lecture. Lisez

Lucie et Eric sont très différents. Lucie est végétarienne. Elle mange surtout des légumes, des fruits, des pâtes et du riz. Mais Eric adore la viande, il mange du bœuf, du porc, du veau et de l'agneau. Au repas, Lucie aime la glace au chocolat, mais Eric préfère le sorbet au citron.

Lucie est végétarienne.

Eric adore la viande.

Activité 15 : Ecoutez et marquez les syllabes accentuées, puis jouez

1. Je peux m'asseoir ? - Oui, vas-y, assieds-toi !
2. Je peux choisir ? - Oui, vas-y, choisis !
3. Je peux commander ? - Oui, vas-y, commande !
4. Je peux me servir ? - Oui, vas-y, sers-toi !
5. Je peux manger ? - Oui, vas-y, mange !

Activité 16 : Ecoutez le dialogue. Divisez en syllabes et marquez les syllabes reconstituées. Puis comptez les syllabes.

— Ma mère est une excellente cuisinière. (_____ syllabes)
— Quelle est sa spécialité ? (_____ syllabes)
— Le coq au vin. On en mange demain ! (_____ syllabes)
— Ah, je voudrais en goûter... (_____ syllabes)
— Mais, viens ! On dîne à vingt heures. (_____ syllabes)

Activité 17 : Réécoutez le dialogue de l'activité 16. Marquez les syllabes accentuées, les liaisons et enchaînements, et les courbes d'intonation. Jouez en imitant l'intonation

— Ma mère est une excellente cuisinière.

— Quelle est sa spécialité ?

— Le coq au vin. On en mange demain !

— Ah, je voudrais en goûter...

— Mais viens ! On dîne à vingt heures.

du coq au vin

Activité 18 : Ecoutez et marquez l'accent d'insistance. Puis écoutez l'intonation et décidez s'il s'agit d'un jugement positif (+) ou négatif (-)

A table :

1. C'est délicieux ! + / -
2. C'est super salé ! + / -
3. C'est vraiment bon ! + / -
4. C'est très piquant ! + / -
5. Ce n'est pas mauvais ! + / -

Activité 19 : Ecoutez les mini-dialogues. Où sont-ils ? Observez l'intonation et l'accentuation des syllabes. Jouez

1.

- Bonjour, chéri ! Humm..., ça sent bon !
- Du bœuf bourguignon ! Vas-y, goûte ! ... Alors ?
- Mais, ... la sauce est trop salée !
- Ah bon ?! Moi, je la trouve excellente !

Où sont-ils ?	Dialogue n°
Au restaurant	
En pique-nique	
A la maison	

2.

- Alors, qu'est-ce que tu choisis ?
- De la tartiflette.Toi aussi ?
- Non ! C'est bon, mais c'est trop gras !
- Depuis quand tu es au régime ?

3.

- Ah... On est bien ici. Les oiseaux chantent...
- Oui, mais j'ai faim. Tu veux quel sandwich ?
- Passe-moi un jambon-fromage.
- Moi, je vais manger celui-ci, œuf-mayonnaise !

Activité 20 : Ecoutez et divisez la lettre en groupes rythmiques. Puis marquez les accents rythmiques, les accents d'insistance, les liaisons et les enchaînements

A Paris, le 15 juin

Bonjour à toute votre classe

Vos cours de prononciation vont bientôt finir. Nous sommes heureux de pouvoir vous aider dans vos découvertes de la langue française. Voici nos dernières nouvelles.

Nous allons bien et nos animaux de compagnie aussi. Le chat de Lucie a trois petits chatons, ils jouent toute la journée. Et maintenant, le chien d'Eric est grand, il sait grogner et aboyer. Mélanie, la petite sœur de Lucie, va faire un stage linguistique à Londres. Et les enfants de son grand frère Auguste vont entrer à l'école primaire en septembre prochain. Eric parle assez bien russe et cet été, il va enfin visiter Moscou. Boris, son meilleur ami, parle mieux français maintenant et il voudrait traduire des livres pour enfants. Pendant les vacances d'été, en juillet, Lucie va passer douze jours aux Etats-Unis avec Aziz et Angéla. Puis, en août, elle va à Aix-en-Provence voir la famille de son oncle Philippe. Avec sa cousine Stéphanie, elles vont préparer, l'an prochain, leur grand voyage au Vietnam. Et la plus grande nouvelle ? Cet automne, Eric et Camille vont se marier ! Angéla et moi, nous allons être les témoins de leur mariage.

Bisous à tous

Eric et Lucie

Activité 21 : Ecoutez le texte ci-dessus et marquez les courbes de lecture. Lisez la lettre à voix haute

Je joue avec la langue

🎧 Activité 22 : Ecoutez et chantez « *Enfant de la montagne* »

Enfant de la montagne, j'y retourne, j'y retourne
Enfant de la montagne, j'y retourne en chantant
La fatigue me gagne, mais mon cœur, mais mon cœur
La fatigue me gagne, mais mon cœur est content
(canon à deux voix)

🎧 Activité 23 : Le pendu

1. Un légume → o _ _ _ _ _
2. Un vin mousseux → c _ _ _ _ _ _ _ _
3. Un petit oiseau → r _ _ _ _ _ _ _ _

🎧 Activité 24 : Boule de neige.

1. **Qu'est-ce qu'on met dans la ratatouille ?**

Dans la ratatouille, on met des tomates.
Dans la ratatouille, on met des tomates et des poivrons.
Dans la ratatouille, ….

des tomates

des poivrons

des oignons

des aubergines

des courgettes

de l'ail

2. **Lucie, qu'est-ce que tu mets dans la blanquette ?**

Dans la blanquette, je mets ….

du veau

des carottes

des champignons

du jaune d'œuf

du vin blanc

du sel

du poivre

du citron

Je communique

Eric invite Lucie et Boris à manger.

Activité 25 : Ecoutez le dialogue et

- **colorez les sons [m], [n], [ɲ]**
- **marquez les liaisons et enchaînements**
- **entourez les consonnes finales prononcées**

Eric : Lucie, demain, je vous invite à déjeuner chez moi, Boris et toi.
Lucie : Avec plaisir. Qu'est-ce qu'il y a au menu?
Eric : Une tarte aux oignons en entrée, puis un gigot d'agneau.
Lucie : Ah, tu sais vraiment cuisiner !
Eric : Ce sont des recettes de ma mère.
Lucie : Moi, je ne sais pas du tout faire la cuisine.
Eric : Alors, qui vous fait à manger?
Lucie : Mon père. J'adore son magret de canard !
Eric : Et si non, tu connais la cuisine russe ?
Lucie : Non, pas du tout !
Eric : La sauce aux champignons de Boris est sublime !
Lucie : Oh, un jour, je voudrais la goûter !

Activité 26 : Ecoutez le dialogue et

- **marquez les groupes rythmiques**
- **entourez les syllabes accentuées**
- **dessinez les courbes d'intonation**

Eric : Lucie, demain, je vous invite à déjeuner chez moi, Boris et toi.
Lucie : Avec plaisir. Qu'est-ce qu'il y a au menu?
Eric : Une tarte aux oignons en entrée, puis un gigot d'agneau.
Lucie : Oh, tu sais vraiment cuisiner !
Eric : Ce sont des recettes de ma mère.
Lucie : Moi, je ne sais pas du tout faire la cuisine.
Eric : Alors, qui vous fait à manger?
Lucie : Mon père. J'adore son magret de canard !
Eric : Tiens, tu connais la cuisine russe ?
Lucie : Non, pas du tout !
Eric : La sauce aux champignons de Boris est sublime !
Lucie : Un jour, je voudrais la goûter !

Mémorisez et jouez

L'alphabet français

A B C D E F G H I J K L M N O P Q R S T U V W X Y Z

a b c d e f g h i j k l m n o p q r s t u v w x y z

Les sons français

Voyelles orales

[a] ami, salut, chat, sympa, voilà

[ə] je, demain, parlement, monsieur

[E] étudiant, Sénégal, enchanté, parlez, des,elle, père, être, français, treize

[O] moto, bientôt, aussi, beaucoup

[Œ] deux, peu, vœux, neuf, jeune, professeur, cœur

[i] il, ils, ville, ami, île, cycle

[u] où, nous, bonjour, soûl

[y] tu, salut, russe, plus, sûr

Voyelles nasales

[ã] anglais, quand, enfant, ensemble

[Ẽ] vingt, important, syntaxe, sympa, demain, plein, Reims, Julien, un, humble

[ɔ̃] oncle, bon, combien, prénom

Semi-voyelles

[j] bientôt, famille, monsieur, yaourt, payer, algérien

[w] moi, François, voyage, ouate, ouest, oui, Louis

[ɥ] nuage, muet, suisse, huître, ennuyer

Consonnes

[p] **P**aris, es**p**agnol, Ja**p**on, a**pp**artement

[b] **b**ien, ha**b**iter, ro**b**e, a**bb**é

[t] **t**oi, i**t**alien, journalis**t**e, le**tt**re

[d] **d**ix, étu**d**e, Ma**d**ri**d**, a**dd**ition

[k] **c**omment, mé**c**anicien, **q**uel, Mexi**q**ue, **k**ilomètre, or**ch**estre

[g] **g**rec, **g**arçon, lan**g**ue, a**g**ressif, re**gg**ae

[f] **F**rance, **f**ille, ca**f**é, di**ff**icile, **ph**oto, saxo**ph**one, apostro**ph**e

[v] **v**ous, ser**v**eur, sou**v**ent, ca**v**e, **w**agon

[s] **s**ud, mon**s**ieur, poi**ss**on, mer**c**i, piè**c**e, **c**ycli**s**te, fran**ç**ais

[z] **z**one, a**z**ur, mai**s**on, chinoi**s**e

[ʃ] **ch**ien, ar**ch**itecte, blan**ch**e

[ʒ] **j**our, Ben**j**amin, **g**entil, Bel**g**ique, é**g**yptien

[l] **L**ondres, be**l**ge, co**ll**égien, cheva**l**

[ʀ] **R**ussie, au **r**evoir, bonjou**r**, pe**rr**oquet, **rh**um

[m] **m**er, Tho**m**as, fe**mm**e, co**mm**ent

[n] **n**ous, dî**n**er, vie**nn**ent

[ɲ] **gn**occhi, espa**gn**ol, a**gn**eau, ma**gn**ifique, si**gn**ature

A fin d'illustration culturelle, nous vous suggérons de visionner : La Leçon d'Orthographe du « *Bourgeois Gentilhomme* » – de Molière, extrait d'un spectacle de théâtre : https://youtu.be/ghcHAsRoY5U

Quelques réflexions sur l'enseignement de la prononciation d'une langue étrangère

L'enseignement de la prononciation d'une nouvelle langue est très différent de l'enseignement de la communication, du lexique et de la syntaxe, et demande une implication spécifique de la part de l'enseignant. Cet apprentissage passe d'abord par la reconnaissance, puis l'adoption d'une nouvelle musique et de nouveaux sons. Apprendre la différence phonétique ne pose pas de problème aux enfants, en revanche, cet apprentissage fait généralement peur aux adolescents et aux adultes. Ils se sentent souvent ridicules à articuler des sons auxquels ils ne sont pas accoutumés. Le rôle de l'enseignant est de rassurer les apprenants et leur faire comprendre que l'adoption de cette nouvelle musique et de ses nouveaux mots ne représente aucun risque pour leur identité, et que cette apprentissage peut aussi bien devenir un jeu, un plaisir et un enrichissement. Il est donc important de travailler la prononciation à travers des activités ludiques et en relation avec le vocabulaire et les actes de communication déjà acquis. Le rôle de l'enseignant est aussi d'apprendre aux apprenants à ne pas se moquer de l'autre, mais d'apprendre à critiquer objectivement. La prononciation en classe devrait être considérée comme une pratique collective vers un succès collectif. L'ambiance dans la classe et les relations établies par l'enseignant avec le groupe, et si possible, avec chaque individu, sont très importantes.

Pour bien réussir l'apprentissage de la prononciation, l'apprenant doit entendre le plus souvent possible des productions des natifs. L'enseignant doit inciter les apprenants à travailler en autonomie dès le début de l'apprentissage. Une plateforme de l'université ou des sites appropriés d'Internet seront d'un bon usage. L'enseignant devrait également apprendre à ses étudiants à aimer la langue, donc leur présenter des documents audio séduisants : poèmes, chansons, etc.

L'enseignement du rythme

L'apprentissage d'un bon rythme en langue française est essentiel. Ce rythme repose sur le découpage de la parole en groupes rythmiques, l'accentuation de la dernière syllabe de chaque groupe, et l'intonation montante ou descendante sur cette dernière syllabe.

Groupes rythmiques

Il faut envisager l'enseignement de la prononciation du français toujours dans le cadre d'un groupe rythmique, et non pas à partir d'un mot isolé. Les groupes rythmiques sont porteurs de sens, donc, la capacité de repérer ces groupes permettra à l'apprenant d'accéder au sens de l'énoncé. Puis, sa capacité de structurer sa parole facilitera l'intelligibilité de sa production orale.

En fonction de la situation de communication, les groupes rythmiques sont plus ou moins longs. Dans un dialogue entre les natifs, on repère des groupes courts, qui ne dépassent pas 7 syllabes. En revanche, dans un monologue formel, les groupes rythmiques sont plus longs. Et lorsqu'un natif s'adresse à un étranger, il fait des groupes plus courts et il marque les limites entre ces groupes par des pauses, pour être sûr d'être compris. En règle générale, plus le débit de la parole est rapide, plus les groupes rythmiques sont longs et les pauses à peine perceptibles, mais on entend toujours l'accentuation de la dernière syllabe du groupe.

Les syllabes

Le français est une langue syllabique. Toutes les syllabes contiennent une voyelle qui en est au centre. Ainsi, une voyelle isolée peut constituer une syllabe, par exemple : « *où* » . Mais dans la plupart des syllabes, une ou plusieurs consonnes se trouvent placées avant ou après la voyelle.

En français, il y a des syllabes ouvertes, qui se terminent par une voyelle prononcée (*où* V, *fran/çais* CV / CV, *pro/fe/ssion* CCV/CV/CV), et des syllabes fermées, qui se terminent par une ou plusieurs consonnes prononcées (*ser/veuse* CVC/CVC, *poste* CVCC, *grande* CCVC, *homme* VC). En français, environ 80% des syllabes sont ouvertes.

La délimitation des syllabes à l'intérieur d'un mot se fait :

- après la première voyelle, dans les cas d'une consonne prononcée entre deux voyelles (*pa/rents*),
- entre deux consonnes prononcées (à l'exception de /r/ et /l/), situées entre deux voyelles (E*s/pagne*),
- après la première voyelle, quand deux consonnes prononcées se situent entre deux voyelles et quand la seconde consonne est /r/ ou /l/ (*a/pprend*, mais *ser/pent* ; dé/plaire, mais al/pin).

Les syllabes inaccentuées sont régulières (durée égale), continues (liées entre elles) est d'intensité relativement égale (même force). En revanche, les syllabes accentuées sont plus fortes et plus longues.

Les accents

En prosodie, le relief sonore donné à une syllabe pour contraster avec les syllabes environnantes est appelé accent. La façon, dont il se présente, peut varier d'une langue à l'autre. En français, l'accent est déterminé par la durée et l'intensité de la voix ; la syllabe accentuée est en effet plus longue et plus forte que les syllabes inaccentuées.

L'accent français est un accent fixe, il tombe toujours à la fin du groupe rythmique. Il est appelé alors accent rythmique, (ou encore accent tonique ou accent de durée). Ce n'est pas un accent d'intensité au sens propre, comme en anglais, en espagnol ou en italien, mais plutôt un accent de durée. La syllabe accentuée, la dernière du groupe rythmique, est plus longue que les autres syllabes du même groupe. Cet accent démarque, alors, la fin du groupe rythmique, et porte aussi une marque mélodique fonctionnelle, la voix monte ou descend.

Il existe en français également un accent supplémentaire, émotionnel, appelé accent d'insistance. Il est placé au début du mot et peut frapper soit la première voyelle (*Ma mère est une excellente cuisinière* !), la première consonne (*Quel bonheur de taper dans le ballon* !) ou la consonne de liaison (*C'est _ important* !). Mais l'accent d'insistance ne fait pas disparaître l'accent rythmique, ces deux accents cohabitent dans le même groupe rythmique.
En français, en prononçant une syllabe, l'effort n'est pas porté au début pour se relâcher aussitôt, mais au contraire, il commence doucement et augmente progressivement. En français, l'important est toujours à la fin.

Les liaisons et les enchaînements

Le français enchaîne les mots à l'intérieur du groupe rythmique. Cela donne une impression d'unités liées, d'une succession de sons ininterrompue. Deux groupes rythmiques qui se suivent ne sont jamais reliés, au contraire, ils sont séparés par une pause qui parfois est à peine perceptible.
Lorsquenous relions deux mots, dont le premier finit par une voyelle et le second commence par une voyelle, il s'agit d'un enchaînement vocalique. (*moi _ aussi*).

Lorsque nous relions deux mots dont le premier finit par une consonne et le second commence par une voyelle, il s'agit soit d'un enchaînement consonantique (*Elle_ habite_ à Paris.*), soit d'une liaison (*Elles _ habitent*...). Si la consonne finale du premier mot se prononce dans le mot isolé (*Elle*), c'est un enchaînement. Si la consonne finale du premier mot ne se prononce pas dans le mot isolé (*Elles*), il s'agit d'une liaison.

Dans le cas de l'enchaînement consonantique et de la liaison, on observe la formation de syllabes ouvertes qui chevauchent deux mots (*E/lle ha/bi/te à/ Paris. Elle /s ha/biten*t...). Dans ce manuel, nous appelons ce phénomène syllabe reconstituée.

Cinq phonèmes participent aux liaisons :

[z] - *les _ enfants, dix _ ans, allez _ y*
[t] - *sept _ heures, grand _ oncle*
[n] - *en _ Italie*
[ʀ] - *le premier _ enfant*
[p] - *trop _ âgé*

En français, il y a les liaisons obligatoires (*mes _ amis, leurs _ enfants, les _ étrangers, quelques_amis*), les liaisons facultatives (*petit enfant/petit _ enfant ; je vais aller / je vais _ aller*) et les liaisons interdites (*étudiant x algérien, transport moderne et x écologique*).

L'intonation

L'intonation exerce souvent une influence importante dans le choix des apprenants lorsqu'ils indiquent pourquoi ils ont opté pour la langue française. Ils la qualifient de mélodieuse, chantante, harmonieuse. Ce jugement d'ensemble, alors qu'ils ne comprennent encore rien à cette langue, est dû à l'intonation. C'est pour cette raison que la langue française est parfois comparée à une « musique ».
L'intonation est produite par les montées et les descentes de la voix, mais peut être perçue globalement comme l'intégration de différents traits prosodiques (hauteur de la voix, rythme, accentuations).

L'intonation est la première chose que perçoit l'apprenant, avant même d'identifier des mots isolés ou des groupes de mots. La perception de la parole est un phénomène global : on perçoit par « blocs phoniques » délimités par des montées et des descentes de la voix, des accentuations propres à chaque langue, des pauses réelles ou subjectives.

L'intonation, en association avec le découpage en groupes rythmiques et l'accentuation de la dernière syllabe du groupe, permet de distinguer :

- la question sans terme interrogatif (*Vous êtes français ?*) - l'intonation montante
- l'interrogation avec le terme interrogatif (*Quel âge avez-vous ?*) - l'intonation généralement descendante
- la continuité (Il est français et il a 20 ans.) - l'intonation montante
- la réponse / la finalité (Il a 20 ans.) - l'intonation descendante.

Sur le plan linguistique, l'intonation permet d'exprimer de nombreuses modalités. Une phrase comme *Elle va à Paris* signifie une constatation, une question, traduit la surprise, l'admiration, l'incrédulité ou encore véhicule de l'ironie suivant la manière dont elle est produite. Toutes ces nuances sont dues à l'intonation. Celle-ci intervient de façon essentielle sur le plan sémantique : grâce à elle, le locuteur a la possibilité d'apporter un supplément informationnel en plus des mots qu'il emploie. L'apprenant qui n'est pas entraîné à décoder ces nuances court le risque de passer à côté de beaucoup de subtilités, voire de comprendre de travers, même s'il possède par ailleurs une très bonne connaissance de la langue étudiée.

Références

Articles et ouvrages

Marie-Françoise BOURVON, 'Prosodie et morphosytaxe : un lien à questionner pour l'enseignement du FLE', *Travaux interdisciplinaires sur la parole et le langage*, n° 30, 2014. (https://tipa.revues.org/1296)

Lucile CHARLIAC, Annie-Claude MOTRON, *Phonétique progressive du Français*, niveau intermédiaire, Paris, CLE International, 1999.

Lucile CHARLIAC, Jean-Thierry LE BOUGNEC, Bernard LOREIL, Annie-Claude MOTRON, *Phonétique progressive du Français*, niveau débutant, Paris, CLE International, 2003.

Bertrand LAURET, *Enseigner la prononciation du français* : questions et outils, Paris, Hachette, 2007.

Mun Hi HAN, 'Fautes de prononciation des Coréens apprenant le français et la correction phonétique', *Synergies Corée*, n° 2, Revue du GERFLINT, 2011, pp.73-82.

Sung Hee Park, 'L'oral et les apprenants coréens : problèmes de phonétique et de culture', *Etude de Linguistique Appliquée*, n° 126, Paris, Klincksieck, 2002, pp. 201-210.

Eun-Mee RHEE, Rodolphe MEIDINGER, Marcela DVOŘÁKOVÁ-MEIDINGER, *Goutte à goutte*, Tome 1, Séoul, Shinasa, 2014.

Sites Internet

Centre National de Ressources Textuelles et Lexicales
http://www.cnrtl.fr/
Phonétique et la phonologie
http://www.linguistes.com/phonetique/phon.html
Académie de Caen- le système phonologique du français
https://www.ac-caen.fr/dsden50/circo/mortain/IMG/pdf/2._systeme_francais.pdf
Enseignement/Apprentissage de la Prononciation du Français - les liaisons
http://phonetiquedufle.canalblog.com/archives/2014/05/27/29906816.html#c61719583
Le Point du FLE - liaisons obligatoires et liaisons interdites
http://www.lepointdufle.net/ressources_fle/liaisons_obligatoires_liaisons_interdites.htm
Académie Française - liaisons
http://www.academie-francaise.fr/questions-de-langue#46_strong-em-liaisons-em-strong
Phonétique corrective et prosodie du français
http://courseweb.edteched.uottawa.ca/Phonetique/pages/prosodie/notions.htm

Au Son du FLE – Enseigner l'intonation en FLE: un impératif
http://www.verbotonale-phonetique.com/enseigner-lintonation-en-fle-un-imperatif/
FLE Philippe Mijon - Quelques activités de sensibilisation à la prosodie en FLE
http://www.fle-philippemijon.com/materiel-didactique/quelques-activites-de-sensibilisation-a-la-prosodie-en-fle-1/
FLE Philippe Mijon - Accentuation phonétique en français
http://www.fle-philippemijon.com/materiel-didactique/accentuation-phonetique-en-francais-regles-et-activite/
Les liaisons – travail en autonomie
http://www.french.hku.hk/starters/fonetik/fiche09web.htm
Méthode Hummingbird (français) par Boris Labianca et Inouye Ken K
https://deloreillealabouche.wordpress.com/2013/10/19/methode-hummingbird-francais/